ANALYSE

ET EXTRAIT DU VOYAGE

DANS

LA BASSE ET LA HAUTE-ÉGYPTE.

ANALYSE
ET EXTRAIT DU VOYAGE

DANS

LA BASSE ET LA HAUTE-ÉGYPTE,

PENDANT LES CAMPAGNES DU GÉNÉRAL BONAPARTE;

Par VIVANT DENON;

*Lus à l'Athénée de Paris, par J.-G. LEGRAND,
Professeur d'Architecture, etc.*

A PARIS,

Chez
- MIGNERET, Imprimeur, rue du Sépulcre, Faubourg Saint-Germain, N.° 28;
- M.me COUSIN, Libraire, à l'Athénée, rue du Lycée, près le Palais du Tribunat.
- BRIOTTHE MATHÉ, au Cabinet littéraire, seconde cour du Palais du Tribunat, près celle des Fontaines;
- LAMY, Libraire, quai des Augustins;
- Et chez tous les Marchands de Nouveautés.

===

AN X. — 1802.

Analyse et *Extraits* du voyage dans la Basse et la Haute-Égypte, pendant l'expédition du général *Bonaparte*, par le cit. *Vivant Denon*, membre de l'ancienne académie de Peinture, de l'institut du Caire, etc.

Par J. G. LEGRAND, architecte des travaux publics, et membre de plusieurs sociétés littéraires ; professeur d'architecture à l'Athénée de Paris [*].

Lorsque je coopérai avec le cit. Amaury Duval à la rédaction du prospectus du voyage dans la Basse et la Haute-Égypte, par le cit. Denon, je pris en quelque sorte, pour l'auteur, l'engagement envers le public de le faire jouir bientôt d'un tableau général de cette contrée antique et célèbre, déja parcourue par plus d'un voyageur, et cependant encore trop peu connue. Cette attente, je l'espère, ne sera point trompée; ce grand ouvrage vient d'être achevé en deux années. On trouvera que c'est l'avoir exécuté, en quelque sorte, avec la même rapidité que le voyage a été fait, si l'on considère que cent quarante-une planches ont été gravées, et environ trois cents pages grand *in-folio* de diction imprimées, en y comprenant l'explication très-détaillée des planches, explication qui forme à l'ouvrage des notes supplémentaires qu'on lit avec plaisir, ce qui ajoute un nouveau degré d'intérêt à cette partie utile au lecteur, mais assez sèche ordinairement dans la plupart des livres de ce genre.

Le court mémoire destiné par l'auteur à être lu à l'institut du Caire, lors de son retour de la Haute-Égypte, et imprimé dans la collection qui en a déja été publiée,

[*] Cette analyse, lue à l'Athénée de Paris, dans la séance du 20 messidor an 10, est extraite du journal *Nouvelles des Arts, Peinture, Sculpture, Architecture*, etc., par le cit. Landon, peintre.

sert de préface au voyage; c'est une espèce de compte rendu par le cit. Denon, de l'emploi de son temps pendant la mémorable expédition du général Desaix, et on y voit que l'auteur, partageant chaque jour, et la fatigue, et les dangers du soldat, achevait en quelque sorte la conquête du pays par le dessin de ses monumens, et souvent même la précédait en faisant, d'aussi loin qu'il pouvait l'appercevoir, une première vue du site que l'armée conquérante allait occuper, en poursuivant toujours avec acharnement Mourat bey et ses infatigables Mamelouks.

« J'ai trouvé, dit l'auteur dans cette préface, dans le général Desaix, un savant, un curieux, un ami des arts; j'en ai obtenu toutes les complaisances que pouvaient lui permettre les circonstances. Dans le général Beliard, j'ai trouvé égalité de caractère, de l'amitié, des soins inaltérables; de l'aménité dans les officiers; une cordiale obligeance dans tous les soldats de la vingt-unième demi-brigade; enfin, je m'étais identifié de telle sorte au bataillon qu'elle formait, et au milieu duquel j'avais, si l'on peut s'exprimer ainsi, établi mon domicile, que j'oubliais le plus souvent que je faisais la guerre, et que la guerre était étrangère à mes occupations. »

On ne doit donc jamais perdre de vue, pour être juste, que ce voyage a été fait au milieu des entraves de la marche pénible ou précipitée d'une armée dans le désert, et souvent pendant qu'elle était aux prises avec un ennemi brave, actif, obstiné, et qui avait pour lui la connaissance parfaite et l'habitude de vivre dans un pays si fatigant et si nouveau pour des soldats européens. En faisant cette réflexion, sans doute alors on aura lieu d'être étonné de la multitude de dessins et d'observations que l'auteur a recueillis dans cette marche rapide,

et l'on ne saurait exiger qu'il les ait finis avec la patience
que permet un loisir absolu, ou qu'il ait approfondi des
objets qu'il ne faisait qu'appercevoir. Mais on trouvera
toujours qu'il les a vus en homme de l'art, rempli d'esprit,
de connaissances variées et de l'habitude des voyages;
et que dans sa manière de les présenter au lecteur, il a
le talent particulier de le mettre toujours à la place du
voyageur, et de le faire jouir de toutes ses sensations,
de lui faire éprouver ses mêmes jouissances, sans les lui
faire acheter par les innombrables contrariétés qui les
accompagnaient.

L'ouvrage est dédié à BONAPARTE, général en chef de
cette mémorable expédition; et cette dédicace faite avec
une dignité et une concision remarquables, est d'un
heureux augure pour le succès de ce livre. On prévoit
bientôt, en le lisant, que le héros et le voyageur iront
ensemble à l'immortalité.

C'est le 25 floréal an 6, que l'auteur s'embarque à
Toulon, sur la frégate *la Junon*, formant, avec deux
autres frégates, l'avant-garde de l'armée navale destinée
à l'expédition d'Égypte.

Il fait dans la traversée plusieurs dessins des caps et
des îles qui se découvrent à lui; il apperçoit de loin la
Sicile qu'il avait autrefois visitée en détail, et qu'il a
fait connaître au public par un ouvrage qui a justement
acquis son estime.

Malthe est prise comme par enchantement, un mois
après le départ de Toulon. Bonaparte se rembarque le
premier messidor au matin. Une brume épaisse
dérobe deux jours après ses vaisseaux à la flotte anglaise,
qui n'était qu'à six lieues de distance, et le lendemain l'auteur reprend son poste à l'avant-garde de l'armée, pour aller chercher le Consul français à Alexandrie,

Le 10, à midi, il fit un premier dessin de la tour des Arabes, étant encore à cinq lieues d'Alexandrie, et une vue générale de cette ville prise à trois lieues en mer.

Le 14, la plage se couvrait de soldats Français, et à midi ils étaient déjà sous les murs de la ville. Elle est prise d'assaut après une vigoureuse défense. L'auteur fait la description de cette ville célèbre, ou plutôt il renvoie à celle qu'en a faite Volney, à laquelle il croit qu'il n'est pas possible de rien ajouter pour le caractère et la vérité, vérité qu'il y retrouvait toujours avec un nouveau plaisir, chaque fois qu'il avait à comparer la description de ce voyageur philosophe et savant observateur, avec l'austérité de la nature. Des vues prises de différens points, remplacent dans l'ouvrage du citoyen Denon, les peintures écrites des monumens. On connaît assez leur insuffisance pour donner une idée juste des sites et des formes. Les antiquités de cette ville ayant été décrites et dessinées par plusieurs voyageurs, nous nous dispenserons de répéter tout ce qu'on en connaît, et nous réserverons les détails pour les monumens de la Haute-Egypte, lorsque nous en ferons la reconnaissance avec le premier voyageur artiste, et véritablement homme de goût, qui ait visité ces belles contrées.

Bonaparte apperçoit avec le coup-d'œil de l'aigle; il ordonne avec la rapidité de son vol, et les précautions à prendre pour la sûreté de la ville, et le départ de l'armée. Déja elle est en marche à travers les déserts, se dirigeant vers le Caire. Le 2 thermidor elle est formée en présence de l'ennemi, et devant les pyramides. Le général, après avoir fait ses dispositions militaires, donne ainsi à l'armée l'ordre de combattre : *Allez, et pensez que du haut de ces monumens, quarante siècles nous observent*.

Mourat bey vient reconnaître les Français, et ne voyant point de cavalerie, dit qu'il allait les *tailler comme des citrouilles*. (Ce fut son expression.) L'attaque commence avec vigueur ; mais par-tout cette infanterie qu'il méprise, oppose un mur hérissé de baïonnettes à la bravoure téméraire des Mamelucks, et foudroie leurs nombreux escadrons étonnés de cette résistance. Bientôt divisés par la fuite, on les poursuit, et la déroute est générale. Nos soldats entrent avec eux dans leur camp où ils veulent se retrancher, prennent leurs canons ; plusieurs divisions coupent leur retraite, et les fusillent en défilant. Le Nil qu'ils veulent traverser en fuyant, est gonflé de leurs corps et rougi de leur sang ; tout est en confusion sur ce petit coin de la terre ; le ciel si pur de cet heureux climat, oppose seul le calme et la sérénité de son immense étendue, au désordre et à la fureur des combats. Le soleil achève sa carrière, et l'Egypte est conquise.

Le cit. Denon, avide de parcourir tous les points du pays, pour le connaître, le décrire et le peindre, accompagne le général Menou dans son expédition au Delta, et dans cette partie de la Basse-Egypte que le Nil baigne de ses eaux. Soldat, négociateur et peintre tour-à-tour, il profite du plus petit moment de calme pour faire un dessin ; constant observateur, il supporte avec patience les événemens fâcheux, et sait même faire tourner au profit de l'art les horreurs de la guerre. C'est ainsi qu'il dessine, à la lueur de l'incendie, le village de Salmie, vengeance que la punition d'une trahison et la sûreté de l'armée avaient rendue nécessaire.

Le 14 fructidor, le combat naval entre les Anglais et la flotte Française eut lieu, et nous éprouvâmes le premier revers dans cette contrée. C'est du haut de la tour d'*Abou-Mandour*, au sud et près de Rosette, que le cit. Denon observait ce spectacle terrible, et qu'il fut convaincu que si les Français avaient conquis la terre de l'Egypte, les Anglais, par une imprudence de l'amiral Français, et contre l'ordre de Bonaparte, qui voulait que la flotte française entrât dans le port d'Alexandrie, avaient conservé l'empire de la mer.

Le courage des soldats et les talens du chef devaient résister à la fortune. Le cit. Denon profite du retard que ce contre-temps mettait à l'expédition du général Menou dans le Delta, pour visiter les bouches du Nil, et se joint à une caravanne, pour tâcher de rencontrer sur sa route les ruines de Canope. On retrouve dans ses descriptions l'amateur exercé, le voyageur passionné pour les beautés de la peinture, dans les belles collections d'Italie.

« Lorsque, dit-il, la caravanne, en sortant de la ville, commença à se développer sur le tapis jaunâtre et lisse des monticules sablonneuses qui environnent Rosette, elle produisit l'effet le plus pittoresque et le plus imposant ; les groupes des militaires, ceux des marchands dans leurs différens costumes, soixante chameaux chargés, autant de conducteurs Arabes, les chevaux, les ânes, les piétons, quelques instrumens militaires offraient la vérité d'un des plus beaux tableaux du Benedetto, ou de Salvator Rose. »

La peinture du désert succède et s'oppose à cette riante description ; il n'est peuplé que de cadavres et des débris de la flotte, qui déjà sont devenus des objets de spéculation pour les Arabes du désert.

Aboukir et ses environs ne présentent que quelques fragmens de la sculpture égyptienne antique, et ce n'est qu'à leur amoncellement un peu plus considérable dans un endroit que dans les autres, que l'on peut soupçonner les ruines de la voluptueuse Canope, et peut-être de son temple miraculeux, où les vieillards retrouvaient la jeunesse, et les malades la santé.

La fête de l'anniversaire de la naissance de Mahomet, célébrée à Rosette, au retour du voyageur, après son excursion dans une partie du Delta, fait une diversion piquante aux pénibles travaux de l'armée pour se transformer en colonie. Non content d'observer, le voyageur dessine les caractères différens de ces races variées, qui réunies dans la vaste population de la commerçante Rosette, la composent de *Coptes*, rejetons de l'antique souche égyptienne, d'*Arabes*, les plus nombreux habitans de l'Égypte moderne, et qui se divisent en trois classes bien distinctes et faciles à reconnaître : les *Pasteurs*, qui semblent être les habitans originaires du pays; les *Bedoins*, demi-sauvages, réunis et policés seulement pour la rapine, et les Arabes *cultivateurs*, les plus civilisés, les plus corrompus, les plus asservis et les plus variés de forme et de caractère.

Les Turcs ont des beautés plus graves, avec des formes plus molles, de longues barbes touffues, et dans toute l'habitude du corps, une gravité, mais une pesanteur remarquable, qui caractérise parfaitement le genre de leur beauté.

Les Grecs, au contraire, héritiers des belles formes que leurs artistes nous ont transmises dans leurs statues, ont dans les yeux la finesse et l'esprit que leur nom seul rappelle à tout ami des lettres et des arts. On retrouve encore dans la délicatesse et la souplesse de leurs traits et de leur caractère, la cause et le mobile de tout ce que leurs monumens nous ont transmis de leur élégance et de leur goût. Une astucieuse friponnerie remplace aujourd'hui la courageuse et adroite ambition qui les a rendus si célèbres.

La dernière classe de cette chaîne d'habitans, est composée *de Juifs* qui sont, comme en Europe, sans cesse repoussés et jamais chassés; par-tout intéressés, jusqu'à devenir voleurs; et quant au caractère de leur physionomie, il est généralement le même que celui que nous leur voyons en Europe : on ne peut le méconnaître; mais ce sont les plus laids que nous possédons. Quelques-uns d'entre ceux de l'Egypte ont même les traits de la beauté; et ceux-là, s'ils sont jeunes, rappellent parfaitement le caractère des têtes que la peinture a conservées à J. C. ; ce qui prouverait, dit l'auteur, qu'il est de tradition, et n'a pas pour époque le 14.e siècle.

Une partie des plus intéressantes du voyage, sous les rapports de l'art, est sans contredit la collection que le cit. Denon s'est plu à faire sur la nature de ces caractères de tête variés, choisis dans leurs nuances avec toute la finesse qu'on connaît à son genre de dessin, et qu'il a gravés lui-même, pour ne leur rien faire perdre de cette vérité si frappante que donne les instans fugitifs de la nature habilement saisie par l'artiste.

Les Barabras, habitans de la Nubie et des frontières de l'Abyssinie, secs et bronzés plutôt que noircis par le soleil de leur pays, ajoutent à l'intérêt de cette suite; on y voit aussi des *Maugrabins*, ou gens de l'ouest, des *Adgis*, ou pèlerins, dévots mendians qui de toutes les parties de l'Afrique se rendent en foule à la Mecque, pour y chercher les bonnes grâces du prophète, et le droit de mentir pour le reste de leur vie, en racontant dans leur pays les aventures et les merveilles d'un aussi long voyage, que l'imagination orientale sait toujours orner, avec profusion, d'épisodes et de richesses intarissables.

Enfin, des *Mamelouks* de Mingrelie, de Géorgie et des *Egyptiens* ou Egyptiennes achèvent la curieuse comparaison des différentes races qui peuplent cette partie de l'Afrique la plus célèbre et la seule aujourd'hui bien connue.

Le 21 fructidor, le voyageur part donc pour commencer la tournée dans le Delta, avec les généraux Menou, Marmont, une douzaine de savans ou artistes, et un détachement de deux cents hommes d'escorte. Ils traversent un pays très-peuplé, où les villages se touchent en quelque sorte. Ils arrivent après un jour et presque une nuit de marche à *Metubis*, village qui peut avoir été bâti des ruines de l'antique *Metelis*, et se délassent des fatigues d'une route pénible, par le spectacle des almés, espèces de bayadères, ou danseuses assez semblables à celles des Indes, pourvues de non moins de charmes, et qui n'en sont pas plus avares. Tous les jours ne sont pas heureux en voyage. Le lendemain les voyageurs sont accueillis dans un village fortifié par de vives fusillades, sont obligés d'en faire le siège, de le prendre d'assaut, et d'y mettre le feu au lieu d'y prendre un gîte. La révolte du pays, et l'inondation qui commence à le couvrir, les oblige à renoncer à leur tournée, sans avoir fait de moissons d'antiquités, et de retourner à Rosette, et de Rosette au Caire, où le général en chef avait donné l'ordre aux membres de l'institut de se réunir, pour organiser leurs séances et leurs travaux.

Les si fameuses pyramides dont on apperçoit la pointe à plus de dix lieues du Caire, et qui ne cessent de faire l'objet principal et tout l'intérêt des vues que l'on peut prendre sur la route, se présentent sous mille aspects à notre voyageur qui leur paie, comme tous les autres, le tribut de son admiration. Il ajoute encore quelques dessins aux cent mille et plus qu'elles ont déjà fait naître.

« J'aurais voulu, dit-il, les montrer avec cette couleur fine et transparente qu'elles tiennent du volume immense d'air qui les environne; c'est une particularité que leur donne sur tous les autres monumens, la supériorité extraordinaire de leur élévation; la grande distance d'où elles peuvent être apperçues les fait paraître diaphanes, du ton bleuâtre du ciel, et leur rend le fini et la pureté des angles que les siècles ont dévorés. »

Un détachement de deux cents hommes partait du Caire, par ordre du général en chef, exprès pour protéger les curieux qui voulaient visiter en détail ces grands monumens. Le cit. Denon, arrivant de sa tournée, sans prendre aucun repos, court se joindre à eux; il passe la nuit à *Gisch*, dans la maison de plaisance de Mourat bey, parcourt au clair de la lune ses jardins enchanteurs qu'il nous retrace par une description bien sentie du luxe oriental, et parfaitement d'accord avec les tableaux rians de ce pays, tracés par Savary, à qui l'auteur rend, avec satisfaction, les témoignages d'estime que méritent à beaucoup d'égards ses lettres élégantes, dont le mérite est de montrer, sous un seul point de vue, l'Egypte antique et la moderne.

La petite caravanne d'amateurs était au nombre de trois cents, l'escorte comprise. Tout le monde ne pouvait pas visiter l'intérieur de ces monumens. Le commandant mit le cit. Denon au nombre des élus. Suivons sa description. La voici. « Quand on approche de ces colosses, leurs formes angulaires et inclinées les abaissent et les dissimulent à l'œil; d'ailleurs, comme tout ce qui est régulier, n'est petit ou grand que par comparaison; que ces masses éclipsent tous les objets environnans, et que cependant elles n'égalent pas, en étenvue, une montagne, (la seule grande chose que tout naturellement notre esprit leur compare,) on est tout étonné de sentir décroître la première impression qu'elles avaient fait éprouver de loin ; mais, dès qu'on vient à mesurer, par une échelle connue, cette gigantesque production de l'art, elle reprend toute son immensité. En effet, cent personnes qui étaient à son ouverture, lorsque j'y arrivai, me semblèrent si petites, qu'elles ne me parurent plus des hommes. »

La description des galeries et des chambres intérieures est si connue, que nous ne la répéterons point, ne voulant donner dans cet extrait que ce qui est tout-à-fait neuf et parfaitement caractéristique de l'objet décrit.

« Nous n'avions que deux heures à être aux pyramides, continue notre voyageur; j'en avais employé une et demie à visiter l'intérieur de la seule qui soit ouverte; j'avais rassemblé toutes mes facultés pour me rendre compte de ce que j'avais vu; j'avais dessiné et mesuré, autant que le secours d'un seul pied-de-roi avait pu me le permettre; j'avais rempli ma tête ; j'espérais rapporter beaucoup de choses; et, en me rendant compte le lendemain de toutes mes observations, il me restait un volume de questions à faire. Je revins de mon voyage, harassé au moral comme au physique, et sentant ma curiosité sur les pyramides plus irritée qu'elle ne l'était avant d'y avoir porté mes pas.

» Je n'eus que le temps d'observer le sphinx, qui mérite d'être dessiné avec le soin le plus scrupuleux, et qui ne l'a jamais été de cette manière. Quoique ses proportions soient colossales, les contours qui en sont conservés sont aussi simples que purs : l'expression de la tête est douce, gracieuse et tranquille : le caractère en est Africain ; mais la bouche, dont les lèvres sont épaisses, a une mollesse dans le mouvement, et une finesse d'exécution vraiment admirables; c'est de la chair et de la vie. Lorsqu'on a fait un pareil monument, l'art était sans doute à un haut degré de perfection : il manque à cette tête ce qu'on est convenu d'appeler du style ; c'est-à-dire, les formes droites et fières que les Grecs ont données à leurs divinités ; on n'a pas rendu justice, ni à la simplicité, ni au passage grand et doux de la nature que l'on doit admirer dans cette figure ; en tout, on n'a jamais été surpris que de la dimension de ce monument, tandis que sa perfection est plus étonnante encore. » *Voyez la planche 20 bis.*

J'ai rapporté en entier ces passages, parce que rien ne peut mieux fixer les incertitudes que jettent dans l'esprit des lecteurs studieux, la diversité des opinions de beaucoup de voyageurs sur des objets aussi célèbres, que l'impression première et rapide qu'ils ont fait naître à un homme d'un goût exercé et véritablement connaisseur. Car les tâtonnemens de plusieurs observateurs trop faibles, ou la présomptueuse assurance des autres à débiter des erreurs, doivent être mis de côté pour obtenir la vérité.

Terminons donc l'article des pyramides par cette conclusion du cit. Denon.

« On ne peut trop admirer la précision de l'appareil des pyramides, et l'inaltérabilité de leur forme et de leur construction dans des dimensions si immenses, qu'on peut dire de ces monumens gigantesques, qu'ils sont le dernier chaînon entre les colosses de l'art et ceux de la nature [*].

[*] La hauteur de la plus grande est de 448 pieds, et la base de 232 m. 6678, ou 716 pieds 6 p. ; ce qui s'accorde, à très-peu de chose près, avec les mesures de Pilae.

Suit la description de la ville et d'une partie des arts et des mœurs du Caire, du caractère de ses édifices, et particulièrement de celui des cimetières, où l'on trouve en quelque sorte l'élégance qui manque à la plupart des habitations. Les détails de l'insurrection du Caire font une diversion intéressante à la partie de l'art dans le voyage. Plus loin c'est la peinture fidèle de l'Ibis, et des moyens que les Psylles modernes, successeurs de ceux de l'antiquité, célèbres dans l'histoire, héritiers de leur adroit charlatanisme, emploient pour enchanter les serpens à qui ils paraissent commander, et retracent, dans leur saint et feint enthousiasme, les fureurs des Pythonisses ou des grands-prêtres d'Apollon, lorsque, montés sur le trépied sacré, ils étoient possédés de l'esprit divin pour faire entendre ses oracles.

L'auteur ne pouvant, sans un danger certain, risquer alors le voyage au mont Sinaï, que le cit. Coutelle a exécuté depuis avec succès, s'arrache au repos dont il jouissait au Caire, en y exerçant ses crayons, pour se rendre auprès de Desaix, à qui le général en chef envoyait un convoi. Il part, et le lendemain il voit et dessine les pyramides de *Ssakhareh*, pendant sa navigation sur le Nil; puis celle de *Medoun*, en suivant une colonne de trois cents hommes, chargée d'aller lever le *miri*, ou l'imposition territoriale nécessaire à la subsistance de l'armée. Dans cette traversée, les mœurs, les superstitions des différentes classes des habitans, rien n'échappe à sa vigilante observation; son journal écrit et ses dessins en font foi.

Ici va commencer l'expédition du vaillant Desaix, chargé par le général en chef de poursuivre Mourat bey, et de faire la conquête de la Haute-Égypte, où il s'était réfugié après la bataille des pyramides. Desaix était donc parti du Caire le 8 fructidor, avec une flotille qui devait convoyer sa marche, après avoir concerté ses opérations avec celle que projetait Bonaparte.

Ce fut à la hauteur de Manzoura, sur le bord du désert, qu'après avoir vaincu les obstacles que le pays, l'inondation, les habitans et les armés des Arabes et des Mamelouks opposaient à son passage, Desaix joignit enfin Mourat, digne rival qu'il poursuivait obstinément, et qui s'enfonçait dans le pays, non par lâcheté, mais par ruse et par habilité, pour user l'ardeur française, et se servir de tout ce que la fatigue d'une telle marche, et l'effet du climat sur des étrangers, pouvait lui donner d'avantages.

« Desaix ne pouvant effectuer son débarquement sous le feu de l'ennemi, fit virer de bord pour revenir à Minkia; les Mamelouks, encouragés par cette contre-marche, harcèlent les barques; des compagnies de grenadiers les chassent et les dispersent: le débarquement s'effectue, les troupes se forment en bataillons carrés; on reprend le chemin du désert, accompagné de barques jusques vis-à-vis de *Mansoura*. Mourat bey était à deux lieues; tandis que son arrière-garde nous harcèle, il gagne les hauteurs, où on le voit se déployer avec toute la magnificence orientale. Avec des lunettes, on peut distinguer sa personne toute resplendissante d'or et de pierreries; il était entouré de tous les beys et Kiachefs qu'il commandait. On marche droit à lui; et cette brillante cavalerie, toujours incertaine dans ses opérations, canonnée par deux de nos pièces, les seules qui eussent pu suivre, s'arrête, se replie, et se laisse chasser jusqu'à *Elbelamon*. En la suivant on s'était éloigné des barques; nous manquions de vivres, il fallut rétrograder pour venir chercher du biscuit.

» L'ennemi croit que nous fuyons; il nous attaque avec des cris qui ressemblent à des hurlemens : nos canons en éloignent la masse ; mais les plus déterminés viennent avec leurs sabres braver notre mousqueterie, et enlever deux hommes jusques sous nos baïonnettes : la nuit seule nous délivre de leur obstination. »

Cette bataille, la première que Desaix eût pu livrer à Mourat bey, est trop décisive ; elle peint trop bien l'ennemi à qui les Français avaient à faire, et l'habileté des deux chefs, pour ne pas la rapporter en entier; j'en continue donc le récit.

« On regagne les barques, on se charge de biscuit, et après avoir pris quelque repos, on se remet en marche. Pendant ce temps, Mourat bey avait fait venir à son armée un inconnu qui répandait la nouvelle que les Anglais avaient détruit ce qu'il y avait de Français à Alexandrie ; que les habitans du Caire avaient massacré ceux qui occupaient cette ville ; enfin, qu'il ne restait en Egypte que cette poignée de soldats que l'on avait vus fuir la veille, et que l'on allait anéantir. Il y eut une fête ordonnée, et dans cette fête un simulacre de combat, où les Arabes, représentant les Français, avaient ordre de se laisser vaincre. La fête se termina à la manière des Cannibales ; c'est-à-dire qu'ils massacrèrent les deux prisonniers qu'ils avaient faits deux jours auparavant.

« Desaix avait appris que Mourat était à Sed'man ; qu'il s'ébranlait pour le joindre et lui livrer bataille ; il résolut de l'attaquer lui-même : dès que nous eûmes quitté le pays couvert et cultivé, et que sur une surface unie l'œil pût nous compter, des cris d'une joie féroce se firent entendre ; mais la journée était avancée ; les ennemis remirent au lendemain une victoire qu'ils croyaient assurée. La nuit se passa en fêtes dans leur

(16)

camp; leurs patrouilles venaient dans les ténèbres insulter nos avant-postes, en contrefaisant notre langage. Au premier rayon du jour, on se forma en bataillon carré avec deux pelotons aux flancs; peu de temps après on vit Mourat bey à la tête de ses redoutables Mamelouks, et huit à dix mille Arabes, courant vis-à-vis de nous un horizon d'une lieue d'étendue. Une vallée séparait les deux armées; il fallait la franchir pour attaquer ceux qui nous attendaient : à peine nous voient-ils engagés dans cette position désavantageuse, qu'ils nous enveloppent de toutes parts, et nous chargent avec une bravoure qui tenait de la fureur : notre masse pressée rend leur nombre inutile ; notre mousqueterie les foudroie et repousse leur première attaque : ils s'arrêtent, se replient, comme pour prendre du champ, et tombent tous à-la-fois sur un de nos pelotons : il en est écrasé; tout ce qui n'est pas tué, par un mouvement spontané, se jette à terre : ce mouvement démasque l'ennemi pour notre grand carré; il en profite et le foudroie : ce coup de feu l'arrête de nouveau et le fait encore replier. Ce qui reste du peloton rentre dans les rangs; on rassemble les blessés. Nous sommes de nouveau attaqués en masse, non plus avec les cris de victoire, mais avec ceux de la rage. La valeur est égale des deux côtés; ils avaient celle de l'espérance, nous avions celle de l'indignation : nos canons de fusils sont entamés de leurs coups de sabre ; leurs chevaux sont précipités contre nos files qui n'en sont point ébranlées; ces animaux reculent à la vue de nos baïonnettes; leurs maîtres les poussent tournés en arrière, dans l'espoir d'ouvrir nos rangs à force de ruades. Nos gens, qui savent que leur salut est dans l'unité de leurs efforts, se présentent sans désordre, et attaquent sans s'engager; le carnage est par-tout, et il n'y a point de mêlée : les tentatives impuissantes des Mamelouks excitent en eux un délire de fureur ; ils lancent contre nous les armes qui n'ont pu autrement nous atteindre ; et, comme si ce combat eût dû être le dernier, nous les voyons jeter fusils, tromblons, pistolets, haches et masses d'armes ; le sol en est jonché. Ceux qui sont démontés se traînent sous les baïonnettes, et viennent chercher avec leurs sabres les jambes de nos soldats : le mourant rassemble sa force et lutte encore contre le mourant, et leur sang, qui se mêle en abreuvant la poussière, n'a pas appaisé leur animosité. Un des nôtres, renversé, avait joint un Mamelouck expirant, et l'égorgeait. Un officier lui dit : Comment, en l'état où tu es, peux-tu commettre une pareille horreur ? Vous en parlez bien à votre aise, vous, lui dit-il ; mais moi, qui n'ai plus qu'un moment à vivre, il faut bien que je jouisse un peu.

» Les ennemis avaient suspendu leur attaque ; ils nous avaient tué bien du monde ; mais, en se repliant, ils n'avaient pas fui, et notre position n'était pas devenue plus avantageuse : à peine s'étaient-ils retirés, que nous laissant à découvert, ils firent jouer une batterie de huit canons qu'ils avaient masquée, et qui, à chaque décharge, emportait six à huit des nôtres. Il y eut un moment de consternation et de stupeur ; le nombre des blessés augmentait à chaque instant. Ordonner la retraite, était rendre le courage à l'ennemi, et s'exposer à toutes sortes de dangers ; différer était accroître inutilement le mal, et s'exposer à périr tous. Pour marcher, il fallait abandonner les blessés, et les abandonner, était les livrer à une mort assurée, circonstance affreuse dans toutes les guerres, et sur-tout dans la guerre atroce que nous faisions. Comment donner un ordre ! Desaix, l'âme brisée, reste immobile un instant ; l'intérêt général commanda ; la voix de la nécessité couvrit les cris des malheureux blessés, et l'on marcha. Nous n'avions à choisir qu'entre la victoire, ou une destruction totale ; cette situation extrême avait tellement rapproché tous les intérêts, que l'armée n'était plus qu'un individu, et que, pour citer les braves, il faudrait nommer tous ceux qui la composaient. Notre artillerie légère, commandée par le bouillant Tournerie, fit des prodiges d'adresse et de célérité ; et tandis qu'elle démonte, en courant, quelques canons des Mamelouks, nos grenadiers arrivent ; la batterie est abandonnée : cette cavalerie à l'instant s'étonne, s'ébranle, se replie, s'éloigne et disparaît comme une vapeur. Cette masse décuple de forces s'évanouit, et nous laisse sans ennemis.

» Jamais, dit encore l'auteur, il n'y eut de bataille plus terrible ; (c'est celle qu'on appelle de *Sedinam*) ; de victoire plus éclatante, de résultat moins prévu ; c'était un rêve dont il ne restait qu'un souvenir de terreur : pour la représenter, j'en fis les deux dessins, pl. 29. J'ai voulu peindre, dans ces deux sujets, la guerre telle qu'elle est, généreuse et implacable, atroce et sublime.

Après quelques conjectures probables sur la formation du Delta, la direction des eaux du Nil en différens temps, et aux immenses travaux des Égyptiens, pour rendre ses inondations profitables et réglées, l'auteur reprend le travail descriptif du pays, et se trouve en quelque sorte forcé, par les rians tableaux qu'il présente, de venger l'auteur des lettres sur l'Égypte, de l'espèce de discrédit qu'on a jeté pendant long-temps sur son ouvrage.

« Nous arrivâmes, dit-il, à *Davalta*, beau village, c'est-à-dire beau paysage ; car, en Égypte, lorsque la nature est belle, elle est admirable, en dépit de tout ce que les hommes y ajoutent, et n'en déplaise aux détracteurs de Savary, qui se mettent en fureur contre ses riantes descriptions. »

Un coup-d'œil rapide jeté sur l'emplacement probable du *Meris*, et sur les travaux fabuleux consignés dans l'histoire, à ce sujet, succède à ces tableaux peuplés de temps à autre par les ruines du *Faioum*.

« Le 19 frimaire, le général Desaix revint du Caire, amenant douze cents hommes de cavalerie, six pièces d'artillerie, six djermes armées et bastinguées, et deux à trois cents hommes d'infanterie, ce qui faisait sa division forte de trois mille hommes d'infanterie, douze cents chevaux et huit pièces d'artillerie légère. »

Il part de Bensouef, le 26 au soir, pour suivre Mourat bey.

Une pluie qui survint le 17 décembre, parut à tout le monde un événement étrange, tant elle est rare dans un pays où il ne tonne qu'une fois par génération : vainement Desaix croit à chaque instant joindre l'ennemi, le combattre et le vaincre; l'adroit Mourat cherche à miner les Français par des marches forcées, et à les engager dans le désert avec lequel il est plus familier.

« Le désert ! s'écrie le voyageur, nom terrible à qui l'a vu une fois; horizon sans bornes, dont l'espace vous oppresse, dont la surface ne vous présente, si elle est unie, qu'une tâche pénible à parcourir, où la colline ne vous cache où ne vous découvre que la décrépitude et la décomposition, où le silence de la non-existence règne seul sur l'immensité. »

Mais les rives du Nil présentent l'heureux contraste d'un pays riant et cultivé; c'est la végétation et la vie, sans cesse en opposition avec la mort et le néant.

« Je brûlais d'aller à Hermopolis, où je savais qu'il y avait un portique célèbre : aussi quelle fut ma satisfaction, lorsque Desaix me dit : Nous allons prendre trois cents hommes de cavalerie, et nous courrons à Achmounin, pendant que l'infanterie se rendra à Melavi.

» En approchant de l'éminence sur laquelle est bâti le portique, je le vis se dessiner sur l'horizon, et déployer des formes gigantesques. Nous traversâmes le canal d'*Abou-assi* ; et bientôt après, à travers des montagnes de débris, nous atteignîmes à ce beau monument, reste de la plus haute antiquité.

» Je soupirais de bonheur : c'était, pour ainsi dire, le premier produit de toutes les avances que j'avais faites ; c'était le premier fruit de mes travaux ; en exceptant les pyramides, c'était le premier monument qui fût pour moi un type de l'antique architecture égyptienne ; les premières pierres qui eussent conservé leur première destination, qui, sans mélange et sans altération, m'attendissent là depuis quatre mille ans, pour me donner une idée immense des arts et de leur perfection dans cette contrée. Un paysan que l'on sortirait des chaumières de son hameau, et que l'on mettrait tout d'abord devant un pareil édifice, croirait qu'il y a un grand intervalle entre lui et les êtres qui l'ont construit. Sans avoir aucune idée de l'architecture, il dirait : ceci est la maison d'un Dieu ; un homme n'oserait l'habiter..... La gravure, plus que la description, donnera une idée précise de ce qui est conservé de cet édifice..... Nous vînmes coucher à Melavi, à une demi-lieue du chemin d'Achmounin. Mais j'entends le lecteur me dire : Quoi ! vous quittez déjà Hermopolis, après m'avoir fatigué de longues descriptions de monumens, et vous passez rapidement, quand vous pourriez m'intéresser ? Qui vous presse ? qui vous inquiète ? N'êtes-vous pas avec un général instruit, qui aime les arts ? N'avez-vous pas trois cents hommes avec vous ? Tout cela est vrai ; mais telles sont les circonstances d'un voyage, et tel est le sort du voyageur. Le général, très-bien intentionné, mais dont la curiosité est bientôt satisfaite, dit au dessinateur : il y a dix heures que trois cents hommes sont à cheval, il faut que je les loge, il faut qu'ils fassent la soupe avant de se coucher. Le dessinateur entend cela, d'autant mieux qu'il est aussi bien las ; qu'il a peut-être bien faim ; qu'il birouaque chaque nuit ; qu'il est douze à seize heures par jour à cheval ; que le désert a déchiré ses paupières, et que ses yeux brûlans et douloureux ne voient plus qu'à travers un voile de sang......

« Le 4, nous marchions sur Mont-Falut, lorsqu'on vint nous dire que les Mamelouks étaient à Bencadi, où nous courûmes les chercher. Électrisé par tout ce qui m'entourait, le cœur me battait de joie toutes les fois qu'il était question de Mamelouks, sans réfléchir que j'étais là sans animosité ni rancune contr'eux ; que puisqu'ils n'avaient jamais dégradé les antiquités, je n'avais rien à leur reprocher ; que si la terre que nous souillons leur était mal acquise, ce n'était pas à nous à le trouver mauvais, et qu'au moins plusieurs siècles de possessions établissaient leurs droits : mais les apprêts d'une bataille présentent tant de mouvemens, forment l'ensemble d'un si grand tableau, les résultats en sont d'une telle importance pour ceux qui s'y engagent, qu'ils laissent peu de place aux réflexions morales : il n'est plus alors question de succès ; c'est un jeu d'un si grand intérêt, qu'on veut gagner quand on joue . . . .

Le 7, nous revînmes sur le Nil, et nous traversâmes le champ de bataille, où dans la dernière guerre des Turcs avec les Mamelouks, Assan pacha fut battu par Mourat bey, et où ce dernier, avec cinq mille Mamelouks, renversa et mit en fuite dix-huit mille Turcs et trois mille Mamelouks. Malem Jacob, le cophte, qui nous accompagnait comme intendant des finances, spectateur et acteur de cette bataille, nous en expliqua les détails; il nous démontrait avec quelle supériorité de talent Mourat avait pris ces avantages et en avait profité: ce même Mourat bey devait rugir de colère d'être obligé de repasser sur le même sol, fuyant devant quinze cents hommes d'infanterie. Comme nous raisonnions sur les vicissitudes de la fortune, entraînés par l'intérêt de la conversation, nous avions très-imprudemment, comme il nous arrivait tous les jours, devancé l'armée d'une demi-lieue. Je disais, en plaisantant à Desaix, qu'il serait très-ridicule de trouver dans l'histoire, qu'on lui eût coupé le cou dans une rencontre de cinq à six Mamelouks, et que, pour mon compte, je serais désolé de laisser ma tête derrière quelques buissons, où elle serait oubliée: en ce moment nous dépassions Miuchie. L'adjudant Clément vint dire au général qu'il y avait des Mamelouks dans le village: en effet, il en parut deux, puis six, puis dix, puis quatre autres, puis deux autres, puis des équipages; ils allèrent se mettre à une portée de fusil, et nous observaient: rétrograder eût été se faire enlever; le pays était couvert: Desaix prit le parti de faire bonne contenance, de paraître prendre des dispositions; il avait quatre fusiliers qu'il plaçait alternativement sur tous les points, afin de les multiplier par leurs mouvemens: nous mîmes quelques fossés entre les Mamelouks, et nous, nous gagnâmes du temps; notre avant-garde parut enfin, et ils se retirèrent. On vint nous dire que Mourat nous attendait devant Girgé; nous entendîmes de grands cris, nous vîmes s'élever des nuages de poussière; Desaix crut avoir obtenu la bataille après laquelle nous courions depuis quatorze jours; je fus envoyé pour faire avancer la colonne d'infanterie; j'apperçus, en passant au galop, un revêtissement antique sur le bord du Nil, et des rampes à gradins descendans dans deux bassins : était-ce les ruines de Ptolémais?..

On tira un coup de canon pour faire rejoindre la cavalerie, qui avait couché à une lieue de nous; après une demi-heure, nous nous trouvâmes en état de défense ou d'attaque : nous marchâmes en bataille sur le rassemblement qui se dissipa; les Mamelouks eux-mêmes disparurent, et nous arrivâmes à Girgé, sans avoir rejoint les ennemis......

Nous trouvâmes à Girgé un prince Nubien; il était frère du souverain de Darfour; il revenait de l'Inde, et allait rejoindre un autre de ses frères qui accompagnait une caravane de huit cents Nubiens de Sennar, avec autant de femmes; des dents d'éléphants, et de la poudre d'or étaient les marchandises qu'il portait au Caire, pour les échanger contre du café, du sucre, des schals, et des draps, du plomb, du fer, du séné et du tamarin.

Nous causâmes beaucoup avec ce jeune prince, qui était vif, gai, ardent et spirituel; sa physionomie peignait tout cela : il était plus que bronzé, les yeux très-beaux et bien enchâssés, le nez peu relevé, mais petit, la bouche fort épatée, mais point plate, les jambes comme tous les Africains, grêles et arquées : il nous dit que son frère était allié du roi de Bournou, qu'il commerçait avec lui, et qu'il faisait une guerre perpétuelle avec ceux du Sennar; il nous dit que de Darfour à Siouth, il y avait quarante jours de traversée, pendant lesquels ils ne trouvaient de l'eau que tous les huit jours, soit dans des citernes, soit à leur passage aux Oasis. Il faut que les profits de ces caravanes soient incalculables pour indemniser ceux qui les rassemblent, des frais qu'ils ont à faire, et les payer de l'excès de leurs fatigues. Lorsque leurs esclaves femelles ne sont pas des captives, et qu'ils les achètent, elles leur coûtent un mauvais fusil, et les hommes deux. Il nous raconta qu'il faisait très-froid chez lui pendant un temps de l'année ; n'ayant point de mot pour nous exprimer des *glaces*, il nous dit qu'on mangeait beaucoup d'une chose qui était dure en la prenant dans la main, et qui échappait des doigts lorsqu'on l'y tenait quelque temps. Nous lui parlâmes de *Tombout*, cette fameuse ville dont l'existence est encore un problème en Europe; nos questions ne le surprirent point : selon lui, Tombout était au sud-ouest de son pays ; ses habitans venaient commercer avec eux ; il leur fallait six nuits de trajet pour arriver ; eux leur vendaient tous les objets qu'ils venaient chercher au Caire, et s'en faisaient payer avec de la poudre d'or : ce pays s'appelait, dans leur langage, le Paradis ; enfin la ville de Tombout était sur le bord d'un fleuve qui coulait à l'ouest ; les habitans étaient fort petits et doux. Nous regrettâmes bien de posséder si peu de temps cet intéressant voyageur, que nous ne pouvions cependant pas questionner jusqu'à l'indiscrétion, mais qui n'eût pas mieux demandé que de nous dire beaucoup de choses, n'ayant rien de la gravité Musulmane, et s'exprimant avec énergie et facilité........

Veut-on savoir à quel point les habitans de la Haute-Égypte sont voleurs adroits et intrépides ? que l'on écoute le passage suivant :

« Chaque nuit les habitans entraient dans nos camps comme des rats, et en sortaient comme des chauves-souris, emportant presque toujours leur proie.

On en avait surpris qui avaient été sacrifiés au

premier mouvement de la rage du soldat; on espéra que cette rigueur ferait quelque sensation; la garde fut doublée, et le jour même on prit deux forges de l'artillerie: on saisit les voleurs, qui furent fusillés. Dans la même nuit qui suivit cette exécution, les chevaux de l'aide-de-camp du général de la cavalerie furent volés: le général gagea qu'on ne le volerait pas; le lendemain on lui enleva son cheval, et l'on avait démoli un mur pour le surprendre lui-même si le jour ne fût venu à son secours.......

» Le 21, le temps fut couvert; nous en souffrîmes comme d'un jour d'hiver assez rude, quoiqu'il eût été un de nos fort beaux jours d'avril; tant il est vrai que l'absence du bien sur lequel on compte est déjà un mal. Je vis cependant dans cette effroyable journée une treille de vigne verte comme au mois de juillet; les feuilles ne font ici que se durcir, rougir et sécher, pendant que le bout de la branche renouvelle perpétuellement sa verdure; les pois-grimpans font la même chose, la tige en devient ligneuse; j'en ai vu qui avaient quarante pieds de haut, et atteignaient au sommet des arbres. »

Croit-on, après ces faits, que l'épithète de fertile, si universellement appliquée à l'Égypte, lui soit mal acquise?

Le général Desaix attendait avec impatience un convoi resté en arrière sur le Nil, et absolument nécessaire pour fournir à son armée ce dont elle avait besoin; il avait de la cavalerie au devant, qui avait eu plusieurs combats à soutenir et fait justice des révoltés; mais elle ne revenait toujours point.

« Le 24, continue le voyageur, nous n'en avions point de nouvelles. Nous nous faisions réciter des contes Arabes, pour dévorer le temps et tempérer notre impatience.

Les Arabes content lentement, et nous avions des interprètes qui pouvaient suivre ou qui ralentissaient très-peu le débit : ils ont conservé pour les contes la même passion que nous leur connaissons depuis le sultan Skcherasade des mille et une nuits; et sur cet article Desaix et moi nous étions presque des sultans : sa mémoire prodigieuse ne perdait aucune phrase de ce qu'il avait entendu; et je n'écrivais rien de ces contes, parce qu'il me promettait de me les rendre mot pour mot quand je voudrais ; mais ce que j'observais, c'est que si les histoires n'étaient pas riches de détails vrais et sentimentals, mérite qui semble appartenir particulièrement aux narrateurs du Nord, elles abondaient en événemens extraordinaires, en situations fortes, produites par des passions toujours exaltées : les enlèvemens, les châteaux, les grilles, les poisons, les poignards, les scènes nocturnes, les méprises, les trahisons, tout ce qui embrouille une histoire, et paraît en rendre le dénouement impossible, est employé par ces conteurs avec la plus grande hardiesse ; et cependant l'histoire finit toujours très-naturellement, et de la manière la plus claire et la plus satisfaisante ; voilà le mérite de l'inventeur : il reste encore au conteur celui de la précision et de la déclamation, auxquelles les auditeurs mettent beaucoup de prix ; aussi arrive-t-il que la même histoire est faite consécutivement par plusieurs narrateurs devant les mêmes auditeurs, avec un égal intérêt et un égal succès; l'un aura mieux traité et déclamé la partie sensible et amoureuse ; un autre aura mieux rendu les combats et les effets terribles ; un troisième aura fait rire ; enfin, c'est leur spectacle ; et comme chez nous on va au théâtre, une fois pour la pièce, d'autres fois pour le jeu des acteurs, les répétitions ne les fatiguent point. Ces histoires sont suivies de discussions, les applaudissemens sont disputés, et les talens se perfectionnent; aussi y en a-t-il en grande réputation qui sont chéris, et font le bonheur d'une famille, de toute une horde.

Les Arabes ont aussi leurs poëtes, même leurs improvisateurs que l'on fait venir dans les festins; ils en paraissent enchantés : je les ai entendus ; mais quand leurs chansons ne sont pas apologétiques, elles perdent sans doute trop à être traduites ; elles ne m'ont paru que des concetti, ou jeux de mots assez insipides ; leurs poëtes ont d'ailleurs des manières extraordinaires, des tics qui les singularisent aux yeux des gens du pays, mais qui leur donnaient pour nous un air de démence qui m'inspirait de la pitié et de la répugnance. Il n'en était pas de même des conteurs qui me paraissaient avoir un talent plus vrai, plus près de la nature........

Le général Desaix questionnant un homme de loi, sur le tonnerre, il lui répondit avec la sécurité de l'assurance : « On sait très-bien que c'est un ange, mais il est
» si petit qu'on ne l'apperçoit point dans les airs; il a ce-
» pendant la puissance de promener les nuages de la mé-
» diterranée en Abyssinie ; et lorsque la méchanceté des
» hommes arrive à son comble, il fait entendre sa voix,
» qui est celle du reproche et de la menace ; et pour
» preuve que la punition est à sa disposition, il entr'ouvre
» la porte du ciel d'où sort l'éclair ; mais la clémence de
» dieu étant toujours infinie, jamais dans la Haute-Égypte
» sa colère ne s'est autrement manifestée. »

« On est toujours émerveillé, reprend le voyageur, d'entendre un homme sensé, avec une barbe vénérable, faire un conte aussi puéril.

« Desaix voulut lui expliquer différemment ce phénomène ; mais il trouva son explication si inférieure à la sienne, qu'il ne prit pas même la peine de l'écouter : au reste, il avait plu tout-à-fait la nuit, ce qui rendit les rues (de Girgé) fangeuses, glissantes et presque impraticables. Ici finit l'histoire de notre hiver, et je n'aurai plus à en parler.

» Le 30, les barques arrivèrent enfin : quelques commodités qu'elles nous apportèrent, et sur-tout la musique d'une de nos demi-brigades, jouant des airs français, firent une sensation si étrangement voluptueuse pour Girgé, qu'elle calma tout ce que l'impatience avait mis d'irascibilité dans notre esprit. C'était hélas ! le chant du cygne. Mais n'anticipons pas sur les événemens : à la guerre il faut jouir du moment, puisque celui qui suit n'appartient à personne.

» Le premier nivôse, le prêt, l'eau-de-vie, raviva notre existence ; et le soldat, déjà las de manger six œufs pour un sou, partit avec joie pour aller au-devant du besoin.

» Il y avait vingt-un jours que nous n'étions fatigués que de notre nullité : je savais que j'étais près d'Abidus, où Ossimandué avait bâti un temple, où Memnon avait résidé ; je tourmentai Desaix pour pousser une reconnaissance jusqu'à *El Araba*, où chaque jour on me disait qu'il y avait des ruines ; et chaque jour Desaix me disait : je veux vous y conduire moi-même. Mourat bey est à deux journées ; il arrivera après demain ; il y aura bataille ; nous déferons son armée ; l'autre après demain nous ne penserons plus qu'aux antiquités, et je vous aiderai moi-même à les mesurer. Il avait raison, le bon Desaix ; et quand sa raison n'aurait pas été bonne, il aurait bien fallu que je m'en accommodasse.

» Enfin, le 2 nivôse, nous partîmes de Girgé, à l'enirée de la nuit; nous passâmes vis-à-vis les antiquités : Desaix n'osait me regarder. Tremblez, lui dis-je; si je suis tué demain, mon ombre vous poursuivra, et vous l'entendrez sans cesse, autour de vous, vous répéter, *El Araba*. Il se souvint de ma menace; car cinq mois après il envoya de Riouts, l'ordre de me donner un détachement pour m'y accompagner.

» Le 3, à peine en marche, comme le plus désœuvré, je fus le premier qui apperçus les Mamelouks; ils marchaient à nous sur un front d'une étendue immense : nous nous formâmes en trois carrés, deux d'infanterie aux ailes, et un de cavalerie au centre; flanqué de huit pièces d'artillerie aux angles, nous marchions dans cet ordre, en suivant notre route jusqu'à un quart de lieue de Samanham, village élevé, contre lequel nous cherchions à nous appuyer; les Mamelouks se développant et nous tournant sur trois points, ils commencèrent leur fusillade et leurs cris avant que nous pensassions à tirer le canon. Un corps de volontaires de la Mecque s'était posté dans un ravin, entre le village et nous, et tirait à couvert sur le carré de la vingt-unième. Desaix envoya un détachement d'infanterie pour les déloger du fossé, et un détachement de cavalerie qui devait les poursuivre lorsqu'ils en auraient été chassés; la cavalerie, trop ardente, attaqua trop tôt et avec désavantage : un des nôtres fut tué, un autre fut blessé; l'aide-de-camp Rapp reçut un coup de sabre, et aurait succombé, si un volontaire n'eût paré quatre autres coups dont il était menacé. Les Mecquains furent cependant repoussés.

« Des chasseurs furent envoyés au village, pour en déloger ceux qui l'occupaient; les Mamelouks se mirent en mouvement pour attaquer notre gauche, pendant que d'autres longeaient notre droite : ils eurent un moment favorable pour nous charger ; ils hésitèrent, et ne le retrouvèrent plus ; ils caracolaient autour de nous ; faisaient briller leurs armes resplendissantes, et manœuvrer leurs chevaux ; ils déployaient tout le faste oriental; mais notre boréale austérité présentait un aspect sévère, qui n'était pas moins imposant : le contraste était frappant ; le fer semblait braver l'or ; la plaine étincelait ; le spectacle était admirable. Notre artillerie tira sur toutes les faces à-la-fois : ils firent une fausse attaque à notre droite ; plusieurs des leurs y périrent. Un chef, atteint d'un boulet, était tombé trop près de nous pour être secouru des siens ; son cheval étonné de le voir se traînant, sans l'abandonner, ne se laissait point approcher; tout brillant d'or, il excitait la cupidité des tirailleurs, qui tentaient à chaque instant d'aller en faire leur proie ; aux prises avec le sort, traîné çà et là par son cheval, ce malheureux ne périt qu'après avoir essuyé les horreurs de mille morts. »

Je n'ai pu résister au plaisir de transcrire en entier cette bataille peinte avec tout l'intérêt de la vérité ; on croit voir les antiques Perses aux prises avec les Grecs ; c'est toujours le faste de l'Asie, accourant, avec un impuissant orgueil, se briser contre les lances des Spartiates : donnons encore le résultat de cette journée.

« D'autres chasseurs avaient été envoyés à Samanhout, pour en déloger ceux qui s'y étaient postés ; ils les eurent bientôt mis en fuite : du nombre de ces fuyards était Mourat, qui s'y était mis en réserve : il prit la route de Farshiut. Ce mouvement divisa toute l'armée ennemie : Desaix saisit cette circonstance, fit marcher sur l'espace qu'elle abandonnait, et ordonna à la cavalerie de charger ceux qui restaient encore sur notre droite ; en un instant nous les vîmes, dans le désert, gravir une première rampe de la montagne avec une vélocité surprenante; nous pensions qu'arrivés sur le plateau, ils en défendraient l'approche aux nôtres; mais la terreur et le désordre étaient dans leurs rangs; ils ne pensèrent plus qu'à se réunir dans leur fuite; quelques traîneurs furent tués, quelques chameaux furent pris; un petit corps séparé s'enfuit par la gauche : le feu finit à midi; à une heure nous ne vîmes plus d'ennemis. Nous marchâmes sur Farshiut, que Mourat bey avait déjà abandonné. »

On verra sans doute avec plaisir le portrait du caractère de Desaix, tracé par ces passages détachés dans l'ouvrage....

.... » La conquête de l'Egypte, qui avait été commencée si brillamment par la conquête des pyramides, aurait fini de même par la bataille de Thèbes, s'il eût été possible de l'obtenir de notre *Fabius* Mourat bey. Que de marches forcées nous a coûtées le rêve de cette bataille! mais Desaix n'était point l'enfant gâté de la fortune, et son étoile était nébuleuse : l'expérience ne pouvait le convaincre de notre insuffisance pour gagner de vitesse l'ennemi que nous poursuivions; il ne voulait rien entendre de ce qui pouvait affaiblir ses espérances. L'artillerie était trop lourde, l'infanterie trop lente, la grosse cavalerie trop pesante; la cavalerie légère aurait à peine secondé sa volonté; et je suis sûr qu'il gémissait de n'être pas simple capitaine, pour aller, dans sa bouillante ardeur, avec sa compagnie, attaquer et combattre Mourat bey..........

...... » Nous approchions de Tintyra; j'osai parler d'une halte; mais le héros me répondit avec humeur : cette défaveur ne dura qu'un moment; bientôt, rappelé à son naturel sensible, il vint me rechercher; et parlageant mon amour pour les arts, il se montra leur ami, et peut-être plus ardent que moi. Doué d'une délicatesse d'esprit vraiment extraordinaire, il avait uni l'amour de tout ce qui est aimable, à une violente passion pour la gloire, et à un nombre de connaissances acquises, les moyens et la volonté d'ajouter celles qu'il n'avait pas eu le temps de perfectionner ; on trouvait en lui une curiosité active, qui rendait sa société toujours agréable, sa conversation continuellement intéressante.

Quant à la noblesse de ses sentimens et à la beauté de son caractère, que pourrait-on ajouter pour les peindre au trait marquant, buriné pour l'histoire, par les ennemis mêmes qu'il combattait si vaillamment, et qu'il traitait si généreusement après la victoire ?

Il n'était désigné et connu dans toute la Haute-Égypte, après son expédition, que par le surnom du *Sultan juste*, qui lui fut donné par tous les habitans : peut-on ajouter à cet éloge ? »

Arrivé maintenant à cette partie du voyage qui traite des antiquités, nous allons en rendre compte, moins par leur description détaillée qu'il faut suivre dans l'ouvrage, à l'aide des planches, que par la sensation qu'elles firent éprouver à l'artiste qui les contemplait avec des yeux exercés, mais dépouillés de tout préjugé de système et d'école.

« J'apperçus le temple (de Tintyra), j'étais trop étonné pour juger ; tout ce que j'avais vu jusqu'alors en architecture, ne pouvait servir à régler ici mon admiration. Ce monument me parut porter un caractère primitif, avoir, par excellence, celui d'un temple; tout encombré qu'il était, le sentiment du respect silencieux qu'il m'imprima, m'en parut une preuve; et sans partialité pour l'antique, ce fut celui qu'il inspira à toute l'armée..........

......« Rien de plus simple, et de mieux calculé, que le peu de lignes qui composent cette architecture. Les Égyptiens n'ayant rien emprunté des autres, ils n'ont ajouté aucun ornement étranger, aucune superfluité à ce qui était dicté par la nécessité ; ordonnance et simplicité ont été leurs principes ; et ils ont élevé ces principes jusqu'à la sublimité : parvenus à ce point, ils ont mis une telle importance à ne pas l'altérer, que, bien qu'ils aient surchargé leurs édifices de bas-reliefs, d'inscriptions, de tableaux historiques et scientifiques, aucune de ces richesses ne coupe une seule ligne ; elles sont respectées, elles semblent sacrées ; tout ce qui est ornement, richesse, somptuosité de près, disparaît de loin, pour ne laisser voir que le principe, qui est toujours grand et toujours dicté par une raison puissante. Il ne pleut pas dans ce climat ; il n'a donc fallu que des plates-bandes pour couvrir et pour donner de l'ombre ; dès-lors plus de toits, dès-lors plus de frontons. Le talus est le principe de la solidité ; ils l'ont adopté pour tout ce qui porte ; estimant, sans doute, que la confiance est le premier sentiment que doit inspirer l'architecture, et que c'en est une beauté constituante. Chez eux l'immortalité de Dieu est présentée par l'éternité de son temple ; leurs ornemens, toujours raisonnés, toujours d'accord, toujours significatifs, prouvent également des principes sûrs, un goût fondé sur le vrai, une suite profonde de raisonnemens ; et quand nous n'aurions pas acquis la conviction du degré éminent où ils étaient parvenus dans les siences abstraites, leur seule architecture, dans l'état où nous l'avons trouvée, nous aurait donné l'idée de l'ancienneté de ce peuple, de sa culture, de son caractère, de sa gravité.........

..... « Dans les ruines de Tintyra, les Égyptiens me parurent des géants........

...... » La peinture ajoutait encore un charme à la sculpture * et à l'architecture, et produisait tout-à-la-fois une richesse agréable, qui ne nuisait ni à la simplicité, ni à la gravité de l'ensemble. La peinture en Egypte n'était encore qu'un ornement de plus ; suivant toute apparence, elle n'était point un art particulier. La sculpture était emblématique, et pour ainsi dire architecturale. L'architecture était donc l'art par excellence, dicté par l'utilité......

.... » Notre impatience française était épouvantée de la constante volonté du peuple qui avait exécuté ces monumens : par-tout même égalité de recherches et de soins ; ce qui pourrait faire penser que ces édifices n'étaient point l'ouvrage des rois, mais qu'ils étaient construits aux frais de la nation, sous la direction de collèges, de prêtres, et par des artistes auxquels il était imposé des règles invariables. Un laps de temps avait pu chez eux apporter quelques perfections dans l'art ; mais chaque temp'e est d'une telle égalité dans toutes ses parties, qu'ils semblent tous avoir été sculptés de la même main ; rien de mieux, rien de plus mal, point de négligence, point d'élans à part d'un génie plus distingué ; l'ensemble et l'harmonie régnaient par-tout........ Quant au caractère de leur figure humaine, n'empruntant rien des autres nations, ils ont copié leur propre nature qui était plus gracieuse que belle. Celle des femmes ressemble encore à la figure des jolies femmes d'aujourd'hui : de la rondeur, de la volupté ; le nez petit, les yeux longs, peu ouverts et relevés à l'angle extérieur, comme tous les peuples dont cet organe est fatigué par l'ardeur du soleil ou la blancheur de la neige ; les pommettes des joues un peu grosses, les lèvres bordées, la bouche grande, mais

* Les hyéroglyphes sculptés étaient aussi coloriés.

riante et gracieuse : en tout, le caractère africain, dont le Nègre est la charge, et peut-être le principe..........

» Sans ordre donné, sans ordre reçu, chaque officier, chaque soldat s'était détourné de la route, avait accouru à Tintyra, et, spontanément, l'armée y était restée le reste de la journée. Quelle journée ! Qu'on est heureux d'avoir tout bravé pour obtenir de telles jouissances !

» Le soir, la Tournerie, officier d'un courage brillant, d'un esprit et d'un goût délicat, vint me trouver, et me dit : Depuis que je suis en Egypte, trompé sur tout, j'ai toujours été mélancolique et malade. Tintyra m'a guéri ; ce que j'ai vu aujourd'hui m'a payé de toutes mes fatigues : quoi qu'il puisse en être pour moi de la suite de cette expédition, je m'applaudirai toute ma vie de l'avoir faite, par les souvenirs que me laissera éternellement cette journée. »

Peut-on faire un plus bel éloge de l'art des Egyptiens ? Poursuivons.

..... « A neuf heures, en détournant la pointe d'une chaîne de montagnes, qui forme un promontoire, nous découvrîmes tout-à-coup l'emplacement de l'antique Thèbes dans tout son développement. Cette ville, dont une seule expression d'Homère nous a peint l'étendue, cette Thèbes *aux cent portes*, phrase poétique et vaine que l'on répète avec confiance depuis tant de siècles....

» Cette cité, enfin, toujours enveloppée du voile du mystère, par lequel les colosses même sont agrandis ; cette cité reléguée, que l'imagination n'entrevoit plus qu'à travers l'obscurité des temps, était encore un fantôme si gigantesque pour notre imagination, que l'armée, à l'aspect de ces ruines éparses, s'arrêta d'elle-même, et, par un mouvement spontané, battit des mains, comme si l'occupation des restes de cette capitale eût été le but de ses glorieux travaux, eût complété la conquête de l'Egypte. Je fis un dessin de ce premier aspect, comme si j'eusse pu craindre que Thèbes m'échappât, et je trouvai, dans le complaisant enthousiasme des soldats, des genoux pour me servir de tables, des corps pour me donner de l'ombre ; le soleil éclairant de rayons trop ardens une scène que je voudrais peindre à mes lecteurs, pour leur faire partager le sentiment que me firent éprouver la présence de si grands objets, et le spectacle de l'émotion électrique d'une armée composée de soldats, dont la délicate susceptibilité me rendait heureux d'être leur compagnon, glorieux d'être Français......

...... » Quatre bourgades se disputent les restes des antiques monumens de Thèbes ; et le fleuve, par la sinuosité de son cours, semble encore fier de traverser ses ruines....

« Le jour cessa et je rentrai la tête étourdie de la profusion d'objets qui avaient passé sous mes yeux dans un si court espace de temps ; je croyais avoir rêvé durant toute cette journée si abondante ; et, en effet, je me serais alimenté délicieusement un mois entier de ce qu'il m'avait fallu dévorer dans douze heures, sans que je pusse me promettre seulement de trouver le lendemain un moment pour y réfléchir.

» Le 9, nous arrivâmes le matin d'assez bonne heure à Esné, la dernière ville un peu considérable de l'Egypte ; Mourat avait été obligé de l'abandonner la veille, quelques heures avant l'arrivée de notre cavalerie, d'y brûler une partie de ses tentes et du gros bagage qui aurait pu ralentir sa marche. Nous dûmes donc juger qu'il était déterminé à quitter l'Egypte et à s'enfoncer dans la Nubie, dans l'espoir de nous fatiguer et de nous disséminer : le pays n'offrant point le moyen de nourrir en masse notre armée, il pourrait espérer de rassembler des forces, et de venir, par le désert, attaquer nos détachemens........

» Le 14 pluviôse, nous traversâmes le fleuve pour aller, à la rive droite, occuper E Couan ou Syène. Mourat bey avait passé les cataractes, et s'étendait dans un long espace, pour pouvoir faire subsister ses Mamelouks et ses chevaux ; nous nous trouvions dans le même cas pour les nôtres.

» Le 16, Desaix partit avec la cavalerie, pour aller chercher Elfy bey, que nous avions laissé derrière nous, à la droite du fleuve. Je n'avais pas encore quitté Desaix depuis que j'étais sorti du Caire : j'ose dire, avec quelque orgueil, que ce fut un chagrin pour tous deux; nous avions passé ensemble des momens si doux et si répétés, marchant au pas, côte à côte, pendant douze à quinze heures de suite; nous ne causions pas ; nous rêvions tout haut ; et souvent, après ces séances si longues, nous nous disions : Combien nous aurons de choses à nous dire le reste de notre vie ! Que d'idées administratives, sages, philanthropiques arrivaient à son ame, quand le son de la trompette, ou le roulement du tambour cessait de lui donner la fièvre guerrière. Que de notes intéressantes me fournirait aujourd'hui son étonnante mémoire! avec quel avantage je le consulterais ! avec quel intérêt il verrait mon ouvrage, qu'il aurait regardé comme le sien ! En s'éloignant de moi pour quelques momens, il semblait qu'il voulût, par degrés, m'accoutumer à le quitter.

» J'allai avec le général Belliard prendre possession du gouvernement de Syène. Pendant mon séjour dans cette ville, mes dessins vont suppléer à mon journal et le remplacer........

» Nous employâmes nos premiers momens à nous

établir : nous avions un assez beau quartier ; c'était la maison du Kiachef, bâtie en pierre, avec un étage, des terrasses et des appartemens voûtés ; nous fîmes des lits, des tables, des bancs ; se déshabiller, s'asseoir et se coucher me parut de la mollesse, une véritable volupté. Les soldats en firent de même. Le second jour de notre établissement, il y avait déjà dans les rues de Syène, des tailleurs, des cordonniers, des orfèvres, des barbiers Français, avec leur enseigne ; des traiteurs et des restaurateurs à prix fixe. La station d'une armée offre le tableau du développement le plus rapide des ressources de l'industrie. Chaque individu met en œuvre tous ses moyens pour le bien de la société ; mais ce qui caractérise particulièrement une armée Française, c'est d'établir le superflu, en même temps et avec le même soin que le nécessaire : il y avait jardins, cafés et jeux publics, avec des cartes faites à Syène. Au sortir du village, une allée d'arbres alignés se dirigeait au nord ; les soldats y mirent une colonne milliaire, avec l'inscription, route de Paris, N.º *onze cent soixante-sept mille trois cent quarante* : c'était quelques jours après avoir reçu une distribution de dattes pour toute ration, qu'ils avaient des idées si plaisantes ou si philosophiques. La mort seule peut mettre un terme à tant de bravoure et de gaieté ; les plus grands malheurs n'y peuvent rien.....

« L'île d'Eléphantine devint tout à-la-fois ma maison de campagne, mon lieu de délices, d'observations et de recherches : je crois y avoir retourné toutes les pierres et questionné tous les rochers qui la composent........

..... » Il reste encore trois portiques de cette galerie d'un temple de cette île (ouverte sur le Nil,) et un escalier en granit, qui descend jusques dans le fleuve : cette galerie, cette chambre décorée, et cet escalier ne-

seraient-ils pas cet observatoire et ce nilomètre que les voyageurs cherchent en vain à Syène? Préoccupé de cette idée, j'ai bien regardé et n'ai pu découvrir aucune marque sur le revêtissement de l'escalier, qui indiquât aucune graduation ; mais, au reste, les marches même de l'escalier en eussent pu servir, et la partie supérieure de cet escalier étant encombrée, il est possible que les mesures soient marquées dans cette partie que je n'ai pu voir *. . . . .

» J'étais comme le propriétaire bénévole d'un jardin, où tout ce que l'on cherche ailleurs à imiter était là en réalité, îlots, rochers, déserts, champs, prés, jardins, bocage, hameaux, bois sombre, plantes extraordinaires et variées, fleuve, canaux et moulins, ruines sublimes ; lieu d'autant plus enchanté que, comme les jardins d'Armide, il était environné des horreurs de la nature, de celles de la Thébaïde ; enfin, dont le contraste faisait sentir le bonheur. Les sens, l'imagination également en activité, je n'ai jamais passé d'heures plus délicieusement occupées que celles que j'ai données à mes promenades solitaires dans Éléphantine. Cette île vaut à elle seule tout le territoire de terre ferme qui avoisine la ville.

» Nous allâmes à la recherche des barques que les Mamelouks avaient essayé de remonter : notre projet était en même temps de voir les cataractes ; nous rencontrâmes à travers les rochers de granit, les carrières d'où l'on détachait les blocs qui servaient à faire ces statues colossales, qui ont été l'objet de l'admiration de tant de

* Strabon, qui avait observé Syène avec soin, et qui l'a décrit avec détail, dit que ce nilomètre était un puits qui recevait les eaux du Nil, et que les marques d'après lesquelles on calculait l'inondation, étaient gravées sur les côtés de ce puits.

siècles, et dont les ruines nous frappent encore d'étonnement; il semble que l'on ait voulu illustrer les masses qui les ont produites, en faisant, sur la place, des inscriptions hyéroglyphiques qui en sont peut-être mémoire. L'opération par laquelle on détachait ces blocs, devait être la même que celle que l'on emploie de nos jours; c'est-à-dire que l'on préparait une fente, et que l'on faisait éclater la masse par une suite de coins frappés tout à-la-fois. Les arêtes de ces premières opérations sont conservées si vives dans cette matière inaltérable, qu'il semble encore que les travaux n'en ont été suspendus que d'hier. . . . . .

» A une lieue et demie au-delà des carrières, les rochers se multiplient et forment une barre où nous trouvâmes les barques des Mamelouks fixées entre les rochers jusqu'à la première crue du fleuve; les paysans des environs en avaient pris les agrès et les provisions. Nous quittâmes là le petit bâteau dans lequel nous étions venus, et, remontant à pied un quart-d'heure, nous vîmes ce qu'on est convenu d'appeler la *cataracte*. Ce n'est qu'un brisant du fleuve, qui s'écoule à travers les rochers, et forme, dans quelques endroits, des cascades de quelques pouces de hauteur; elles sont si peu sensibles, qu'on pourrait à peine les exprimer dans un dessin..... »

Le tableau des belles ruines de l'île de Philé, des mœurs de ses habitans, et du siège en règle que l'on fut obligé de faire pour y entrer, ou plutôt de l'assaut qu'il fallut leur donner, est peint avec les mêmes couleurs énergiques et vraies que l'on a pu remarquer dans le courant de l'ouvrage. Après la conquête de cette île, long-temps disputée mais enfin cédée à la valeur française, le voyageur continue sa description.

« J'étais, dit-il, possesseur de sept à huit monumens

dans l'espace de trois cents toises, et sur-tout je n'avais point à mes côtés de ces curieux impatiens, qui croient toujours avoir assez vu, et qui vous pressent sans relâche d'aller voir autre chose; point de tambours battant le rassemblement ou le départ, point d'Arabes, point de paysans; seul enfin, et jouissant à mon aise, je me mis à faire la carte de l'île, et le plan des édifices dont elle est couverte..... Que d'objets à questionner! et le temps s'écoulait; j'aurais voulu retenir le soleil : j'avais employé bien des heures à observer, je me mis à dessiner, à mesurer.....

» Le terme de la marche des Français en Égypte fut inscrit sur un rocher de granit, au-delà des cataractes....

» A l'égard des carrières que je trouvai près de là, ce ne sont point celles où se taillaient les obélisques; les obélisques sont toujours de granit; les roches de granit sont éloignées de ce lieu-ci, et ces roches sont de grès; ce qui en reste de curieux, ce sont les fragmens de routes inclinées, sur lesquelles on faisait glisser les masses qui étaient ainsi conduites au fleuve pour y être embarquées et servir à la fabrication des différens édifices. N'ayant plus rien à faire à Syène, nous en partîmes le 6 ventôse...

» En nous rapprochant d'Esné, nous retrouvâmes des crocodiles: on n'en voit point à Syène, et ils reparaissent au-dessus des cataractes; il semble qu'ils affectent de préférence certains parages, et particulièrement depuis Tintyra jusqu'à Omboş, et que le lieu où ils sont le plus abondans, c'est près d'Hermontis. Nous en vîmes trois ici, dont un, beaucoup plus gros que les deux autres, avait au moins vingt-cinq pieds de long *; ils étaient tous

---

* Il y en a qui ont jusqu'à quarante pieds de long. A leur naissance, ils n'ont que quatre à cinq pouces. Ce n'est alors qu'un simple lézard.

trois endormis : nous en approchâmes jusqu'à vingt pas ; nous eûmes tout le temps de distinguer leur triste allure ; ils ressemblaient à des canons sur leurs affûts. Je tirai sur le plus gros avec une charge et un fusil de munition ; la balle frappa et glissa sur les écailles ; il fit un saut de dix pieds de longueur, et se perdit dans le Nil. . . . . A une demi-lieue plus bas, nous trouvâmes quatre autres crocodiles. . . . . Je devais me compter bien heureux que l'opiniâtreté de Mourat bey m'eût fait voir Syène. Il avait fallu pour cela que, sans autre plan qu'une constante obstination, il eût saisi chaque jour l'impulsion du moment et de la circonstance.

» La coalition des beys était déjà rompue ; Soliman était resté à Deir ; Assan, avec quarante Mamelouks, s'était séparé de Mourat à la hauteur d'Esné, et était remonté à Etfu ; tous les cheikhs de gauche devaient se séparer plus bas ; et Mourat, seul avec ses trois cents Mamelouks, devait descendre jusqu'au-delà de Siouth ; mais rencontré à Souhama, au-dessous de Girgé, par le général Friand, qui avait détruit tous les rassemblemens qu'il avait formés, il prit la route de Lanah, l'une des Oaris où il alla attendre ce que le sort ordonnerait de lui et de nous. . . . . . »

On pourrait croire que des ennemis ainsi dispersés ne pouvaient être dangereux ; cependant les Français, en continuant leur marche, furent de nouveau attaqués par une quantité innombrable de Mekkains, de Mamelouks et d'Arabes, et eurent à soutenir, au village de Benhouth, le combat le plus sanglant, le plus opiniâtre et le plus meurtrier peut-être de la campagne ; les deux partis y essuyèrent toutes les horreurs de la guerre ; le village fut réduit en cendres, et les ennemis encore une fois repoussés vers le désert.

Je me dispenserai de rapporter cet effrayant tableau, que l'ame sensible du voyageur présente avec les couleurs sombres qu'il puisait alors dans la chaîne de malheurs qu'il avait sous les yeux, pour arrêter un moment le lecteur sur la situation du camp après cette pénible victoire.

« Je ne fus pas peu surpris de trouver, dit-il, dans les postes que nous avions dans le village, toutes les femmes établies avec une gaîté et une aisance qui me faisaient illusion ; je ne pouvais me persuader qu'elles ne nous entendissent pas ; elles avaient chacune fait librement leur choix, et paraissaient très-satisfaites : il y en avait de charmantes ; il leur semblait si nouveau d'être nourries, servies et bien traitées par des vainqueurs, que je crois qu'elles auraient volontiers suivi l'armée. Appartenir est tellement leur destin, que ce ne fut que par le sentiment de l'obéissance qu'elles rentrèrent au pouvoir de leurs pères et de leurs maris ; et dans ces cas désastreux, elles ne sont point reçues avec cette jalousie scrupuleusement inexorable qui caractérise les Orientaux : c'est la guerre, disent-ils, nous n'avons pu les défendre ; c'est la loi des vainqueurs qu'elles ont subie. . . . . . . Elles rentrent dans le harem, et il n'est jamais question de tout ce qui s'est passé.

» Le 21, nous nous remîmes en marche sur Kené, continue le voyageur, pour aller savoir s'il y restait des Mekkains, et où pouvait être le général Desaix ; cette marche fut troublée par ces vents qui, sans nuages, remplissent l'air de tant de sable, qu'il ne fait ni jour ni nuit : nos barques ne pouvant marcher, nous fûmes obligés de nous arrêter à un quart de lieue de ce fatal Benhouth, de sinistre mémoire. Le lendemain nous arrivâmes à Kené, à 9 heures du matin, où nous trouvâmes des lettres du général Desaix qui ignorait les événemens de la flotte (elle avait été pillée,) et notre position. La ville était débarrassée d'ennemis, et les habitans vinrent au-devant de nous. . . . . L'infatigable Desaix avait (de son côté) poursuivi les Mamelouks jusqu'à Siouth, avait forcé Mourat bey à se jeter dans les Oasis; il avait fait passer le général Friand à la rive droite, pour faire parallèlement à lui la chasse à Elfi bey et aux corps dispersés des Mamelouks. Desaix vint nous trouver à Kené, et nous nous remîmes en campagne. . . . . . . Desaix résolut de bloquer les Mamelouks dans le désert, ou du moins de leur barrer le Nil, de gêner leurs mouvemens, de les empêcher de pouvoir se réparer sans risquer d'être détruits ; et, enfin, de les réduire par la faim : il avait laissé trois cents hommes et du canon à Kené; il alla se poster à Birambar avec de l'infanterie, de la cavalerie et de l'artillerie; et nous, avec la vingt-unième légère, nous allâmes occuper le passage de Nagadi ; on eut l'imprudence de négliger Redisi, ou bien l'on craignit de trop se disséminer. Si la gorge de Redisi avait pu être occupée, tous les beys de la rive droite étaient obligés de se rendre; il ne restait plus que Mourat bey à poursuivre, et plus de diversion à craindre.

» L'espérance de voir Thèbes, en marchant de ce côté, me fit encore avec joie tourner le dos au Caire; mon destin était de marcher avec ceux qui remontaient le plus haut; je suivis donc le général Belliard ; je devais rejoindre bientôt Desaix ; nous avions fait la veille mille projets pour l'avenir : nos adieux furent cependant mélancoliques ; cette fois, notre séparation plus douloureuse : devais-je penser que, si jeune, ce serait lui qui me laisserait dans la carrière ; que ce serait moi qui le regretterais ? Nous nous séparâmes, et je ne l'ai plus revu. . . . . . . »

Quelques traits rapprochés donneront encore une idée juste, du désert, de ses habitans, et de la manière dont les Français se comportaient avec eux toutes les fois que les méprises, les précautions ou les vengeances de la guerre ne nécessitaient pas les fureurs qui l'accompagnent si souvent.

Le voyageur est aux environs de Nagadi, et poursuit ainsi son récit :

« Avant d'entrer dans le désert, nous envoyâmes des reconnaissances en avant, qui prirent quelques chameaux, et tuèrent une trentaine de Mekkains traîneurs. Nous nous portâmes jusqu'à une enceinte qui avait été d'abord un couvent retranché, habité par des Coptes, qui était ensuite devenu une mosquée, et définitivement ne servait plus qu'aux sépultures; nous nous y logeâmes en en chassant les chauve-souris et en bouleversant les tombes. Un fort, un désert, des tombeaux ! Nous étions entourés de tout ce qu'il y a de triste au monde; et si pour échapper à l'impression que de semblables objets pouvaient apporter à notre ame, nous sortions quelquefois la nuit pour respirer quelques instans; notre respiration était le seul bruit qui troublât le calme du néant qui nous épouvantait; le vent, parcourant ce vaste horizon sans rencontrer d'autres objets que nous, silencieux, nous rappelait encore, au milieu des ténèbres, l'immense et triste espace dont nous étions environnés. . . . .

» Quelques marchands qui avaient eu le bonheur de sauver leurs pacotilles des Mamelouks, n'étaient pas très-rassurés sur notre compte. Dénoncés par les cheikhs de Nagadi, ils nous apportèrent des présens; nous les refusâmes; ils en furent encore plus effrayés : accoutumés à voir des gens couverts d'or, qui les mettaient à contribution, et nous voyant faits à-peu-près comme des bandits, ils crurent que nous allions les dévaliser; il n'y avait pas moyen de cacher leurs richesses. Nos porte-manteaux avaient été pris sur les barques; nous avions besoin de linge, nous leur fîmes donc ouvrir leurs ballots: tout espoir finit pour eux; nous choisîmes ce qui nous convenait; nous leur demandâmes ce que coûtait ce dont nous avions besoin; ils nous dirent que ce serait ce que nous voudrions: nous demandâme le prix juste, et nous payâmes: ils furent si surpris, qu'ils touchaient leur argent pour savoir si cela était bien vrai; des gens armés et en force qui payaient! ils avaient parcouru toute l'Asie et toute l'Afrique, et n'avaient rien vu de si extraordinaire. Dès-lors nous eûmes toute leur estime et toute leur confiance.....

.... « C'est ainsi que le voyageur, de nouveau reporté sur les ruines de Thèbes, en parle, et qu'il peint ses restes moins parfaits que ceux d'Esné et de Tyntira, mais infiniment plus colossals, puisque Thèbes a plus de deux lieues et demie de traversée, occupées par des monumens. Il faut vingt-cinq minutes, au trot d'un cheval, pour faire le tour de l'enceinte du seul grand temple de Karnak, le plus grand de Thèbes, un des plus anciens et des plus grands de ceux qui aient jamais été construits.

« A la vue de l'ensemble de toute cette ruine, l'imagination est fatiguée de la seule pensée de le décrire: étant dans l'impossibilité d'en faire un plan, j'en traçai seulement une image, pour m'assurer un jour que ce que j'avais vu existait; il faut que le lecteur jette les yeux sur cette esquisse, (pl. 93, N.º 2,) et qu'il se dise que des cent colonnes du seul portique de ce temple, les plus petites ont sept pieds de diamètre, et les grandes en ont onze; que l'enceinte de sa circonvallation conte-

bait des lacs et des montagnes ; que des avenues de sphynx
amenaient aux portes de cette circonvallation ; enfin que,
pour prendre une idée vraie de tant de magnificence, il
faut croire rêver en lisant, parce que l'on croit rêver en
voyant......

« Je fis, malgré l'ardeur excessive d'un soleil du midi,
un dessin de la porte du temple, qui est devenue celle
du village de Luxor : rien de plus grand et de plus simple que le p..u d'objets qui composent cette entrée ; aucune
ville connue n'est annoncée aussi fastueusement que ce
misérable village composé de deux ou trois mille habitans, nichés sur les combles, ou tapis sous les plate-
formes de ce temple, sans cependant que cela lui donne
l'air d'être habité...... »

...... Autre tableau de la terrible situation des
voyageurs, qui ne peuvent suivre la marche d'une caravane dans le désert. Écoutons :

« Nous arrivâmes enfin, par le désert, à la gorge de
Relisi, qui est un quatrième débouché de la Kittah,
mais qui n'est pas pratiqué par le commerce, et dont la
route avait été fatale aux Mamelouks ; car ils y avaient
presque tous perdu leurs chevaux, une partie de leurs
chameaux, nombre de serviteurs, et vingt-six femmes
de vingt-huit que les beys avaient emmenées : leur marche était tracée par les désastres qu'ils laissaient derrière
eux ; les tentes, les armes, les habits, les cadavres de
chevaux exténués, les chameaux restés sous le poids de
leur charge, des serviteurs, des femmes abandonnées.
Qu'on se peigne le sort d'un malheureux, haletant de
fatigue et de soif, la gorge desséchée, respirant avec
peine un air ardent qui le dévore ; il espère qu'un instant de repos lui rendra quelques forces ; il s'arrête, il

voit défiler ceux qui étaient ses compagnons, et dont il sollicite en vain le secours; le malheur personnel a fermé tous les cœurs; sans détourner un regard, l'œil fixe, chacun suit en silence la trace de celui qui le précède; tout passe, tout fuit, et ses membres engourdis, déjà trop chargés de leur pénible existence, s'affaissent et ne peuvent être ranimés, ni par le danger, ni par la terreur. La caravane a passé; elle n'est déjà pour lui qu'une ligne onduoyante dans l'espace; bientôt elle n'est plus qu'un point, et ce point s'évanouit; c'est la dernière lueur de la lumière qui s'éteint: ses regards égarés cherchent et ne rencontrent plus rien; il les ramène sur lui-même, et bientôt ferme les yeux pour échapper à l'aspect du vide affreux qui l'environne; il n'entend plus que ses soupirs; ce qui lui reste d'existence appartient à la mort; seul, tout seul au monde, il va mourir sans que l'espoir vienne un instant s'asseoir auprès de son lit de mort; et son cadavre, dévoré par l'aridité du sol, ne laissera bientôt que des os blanchis, qui serviront de guide à la marche incertaine du voyageur qui aura osé braver le même sort.

» C'est le tableau que nous offrit la trace du passage des Mamelouks; c'est à ces signes effrayans que nous reconnûmes la direction de leur marche. »

C'est dans les ruines du temple de Tintyra, aujourd'hui Berbé, nom que les Arabes donnent à tous les monumens antiques, que le cit. Denon a dessiné le planisphère céleste, monument si curieux, qui occupe une partie du plafond du petit appartement bâti sur le comble de la nef du grand temple, et dont l'explication doit donner matière aux plus savantes dissertations. Il y a également recueilli des inscriptions grecques, que le collége des prêtres avait consacré dans cette langue, bu César qui gouvernait alors l'empire romain, dont l'Egypte était une province.

La peinture de l'ouragan d'Egypte et du désert que l'on nomme *Kamsin*, mérite d'être rapportée en entier.

« Nous étions déjà, dit le voyageur, à-peu-près à la moitié de la saison où il se manifeste, lorsque, le 28 floréal au soir, je me sentis comme anéanti par une chaleur étouffante; la fluctuation de l'air me paraissait suspendue. Au moment où j'allais me baigner pour remédier à cette sensation pénible, je fus frappé, à mon arrivée sur le bord du Nil, du spectacle d'une nature nouvelle : c'étaient une lumière et des couleurs que je n'avais point encore vues : le soleil, sans être caché, avait perdu ses rayons; plus terne que la lune, il ne donnait qu'un jour blanc et sans ombre; l'eau ne réfléchissait plus ses rayons et paraissait troublée : tout avait changé d'aspect; c'était la plage qui était lumineuse; l'air était terne et semblait opaque : un horizon jaune faisait paraître les arbres d'un bleu décoloré ; des bandes d'oiseaux volaient devant le nuage; les animaux effrayés erraient dans la campagne, et les habitans qui les suivaient, en criant, ne pouvaient les rassembler. Le vent qui avait élevé cette masse immense, et qui la faisait avancer, n'était pas encore arrivé jusqu'à nous : nous crûmes qu'en nous mettant dans l'eau, qui était calme alors, ce serait un moyen de prévenir les effets de cette masse de poussière qui nous arrivait du sud-ouest; mais à peine fûmes-nous entrés dans le fleuve, qu'il se gonfla tout-à-coup, comme s'il eût voulu sortir de son lit ; les ondes passaient sur nos têtes, le fond était remué sous nos pieds, nos habits fuyaient sur le rivage, qui semblait être emporté par le tourbillon qui nous avait atteint : nous fûmes obligés de sortir de l'eau; alors nos corps mouillés et fouettés par la poussière, furent bientôt enduits d'une boue noire, qui ne nous permit plus de mettre nos vêtemens ; éclairés seulement par une lueur roussâtre et sombre, les yeux déchirés, le nez obstrué, notre gorge ne pouvait suffire à humecter ce que la respiration nous faisait absorber de poussière ; nous nous perdîmes les uns les autres : nous perdîmes notre route, et nous n'arrivâmes au logis qu'à tâtons, et seulement dirigés par les murs qui servaient à nous retracer le chemin : c'est dans ces momens que nous sentîmes vivement quel devait être le malheur de ceux qui sont surpris dans le désert par un pareil phénomène..... »

A cette description succède celle de la nuée de l'espèce de sauterelle, qui fut une des plaies de l'Egypte, et dont le rassemblement innombrable, dit le voyageur, « ne faisait que raser le sol, s'arrêtant à chaque brin d'herbe pour le dévorer, puis s'envolaient vers une nouvelle proie...... Aussi maigres, aussi actives, aussi vigoureuses que les Arabes Bédoins, elles sont de même une production du désert..... Elles sont couleur de rose, tachetées de noir, sauvages, fortes, et très-difficiles à prendre....... »

Elles ont plus de deux pouces de long.

Quelques observations sur la marche et les habitudes du chameau et du dromadaire viennent ensuite. C'est pour se rendre en caravane à *Cosseir*, sur les bords de la Mer-Rouge, que le voyageur eut l'occasion d'observer ces animaux habitans nés du désert, sa seule richesse, comme il est leur unique élément...... (On peut faire sur un dromadaire une lieue en moins d'un quart d'heure.)

..... La côte, aux environs de Cosseir, est d'une pauvreté hideuse ; mais la mer y est riche en poissons, en coquillages et en coraux ; ces derniers sont si nombreux, qu'il est possible que ce soient eux qui aient donné le nom de *Rouge* à cette mer, tandis que le sable en est blanc...... „ Nous revînmes en deux journées et demie ; mais à la dernière demi-journée nous ne pouvions plus aller ; j'étais exténué de fatigue et desséché ; ce ne fut qu'en mangeant des pastèques (melons d'eau,) et en me plongeant dans le Nil, que je pus me désaltérer. Après huit jours de séjour dans le silence du désert, les sens sont réveillés par les moindres sensations ; je ne puis exprimer celles que j'éprouvai lorsque, la nuit, couché sur le bord du Nil, j'entendis le vent frissonner dans les branches des arbres, se rafraîchir en se tamisant à travers les feuilles délicées des palmiers qu'il agitait ; tout se réveillait, s'animait ; la vie était dans l'air, et la nature me semblait la respirer. Au reste, je me convainquis, dans cette traversée faite dans le temps le plus chaud de l'année, dont on nous avait exagéré tous les périls, que le courage est d'entreprendre, et que le danger fuit devant ceux qui le bravent......

...... » Cependant, toutes les autres saisons de l'année sont préférables à celle que nous fûmes obligés de prendre pour cette expédition : dans l'hiver on peut, dans les montagnes, être rafraîchi par une pluie de plusieurs heures, ce qui donne de l'eau par-tout, et ne fait plus du voyage qu'une promenade sur un grand chemin de sable ; mais pendant le temps du kamcin, on peut y éprouver des ouragans dont, à la vérité, nous n'avons pas été assaillis...... Dans une autre traversée, plusieurs des nôtres moururent de chaud. Rien n'est affreux comme cette mort. On est surpris tout-à-coup d'un mal de cœur, et aucuns secours ne peuvent prévenir des défaillances qui se succèdent, et dans lesquelles expirent les malheureux qui en sont atteints : des chevaux même éprouvèrent le même sort.

..... » Au retour de chaque expédition, nous étions encore plus empressés d'apprendre les détails des travaux et des succès de nos chefs ; mais cette jouissance était souvent troublée par la douleur que nous ressentions de la perte de quelques-uns de nos braves compagnons......

.... « Nous eûmes à regretter, à cette époque, le général Caffarelli, qui joignait aux talens les plus distingués, le zèle d'un patriotisme vraiment philanthropique ; il mêlait à l'ardeur des entreprises hasardeuses, l'amour de l'humanité, veillait sans cesse au bonheur des hommes et à leur conservation : chaque être instruit ou sensible, crut perdre en lui un père, un ami : en faisant mes dessins, j'avais souvent pensé au plaisir que j'aurais à les lui montrer, à la considération que mon zèle obtiendrait de lui : est-il une récompense comparable à l'approbation d'un être qu'on estime ? .....

.... » Le cit. Gérard, et huit membres de la commission des arts remontaient le Nil, avec ordre d'en prendre les nivèlemens : cette circonstance me mit dans le cas de recommencer mes courses............. C'est à cette occasion que je fis la découverte du tracé ou crayon rouge d'une figure dont *les repentirs* * avaient été couverts par un stuc léger, moyen que les Egyptiens employaient sans doute pour terminer davantage leurs bas-reliefs, et les peindre d'une manière indestructible.

.... La figure était divisée en vingt-deux parties et demie ; la tête en a deux et deux tiers ; c'est-à-dire, la huit'eme partie du tout........ Ces proportions sont celles des Grecs pour le style héroïque...... ».

* Terme de l'art, qui signifie les faux traits d'une esquisse.

On lit avec beaucoup d'intérêt dans l'ouvrage, la description des peintures trouvées dans les tombeaux des rois de Thèbes, et l'on partage les regrets de l'auteur, de n'avoir pas eu plus de temps pour y dessiner une foule de détails des plus instructifs sur le costume, les mœurs, les arts, les cérémonies des Egyptiens, qui sont exprimées dans ces peintures avec beaucoup de naïveté.

« Enfin, on m'arracha, dit-il, de ces tombeaux où j'étais resté trois heures, où j'aurais pu être tout autant occupé pendant trois jours. Le mystère et la magnificence intérieure de ces excavations, le nombre de portes qui les défendait, tout me fit voir que le culte religieux qui avait orné et décoré ces grottes, était le même que celui qui avait élevé les pyramides........

».... » Le lendemain, de bonne heure, nous étions vis-à-vis de Kené, où nous trouvâmes le Nil, six pieds plus élevé que nous ne l'avions laissé. »

On aura une idée de l'habileté et du courage opiniâtre de Mourat bey, à susciter aux Français de nouveaux ennemis, par le passage suivant.

« Nous apprenons que Mourat bey a quitté les Oasis ; qu'il est descendu par la route de Siouth dans les environs de Nuiset ; qu'il a encore des intelligences dans la Basse-Egypte, et jusqu'au bord de l'Afrique ; qu'il en a fait arriver un émissaire qui a débarqué à Derne. Cet émissaire n'est rien moins que l'ange el Mahdi, annoncé et promis dans le Koran ; il est reconnu par un adgi, conduisant deux cents Maugrabins ; le drapeau du prophète est déployé, les prodiges sont annoncés ; les fusils, les canons même des Français ne pourront atteindre ceux qui suivront cette enseigne sacrée ; nombre d'Arabes joignent ce premier rassemblement : il arrive tout-à-coup dans la province de Bahiré, s'empare de Demanhour gardé par soixante Français; à ce premier succès, les partisans de cette nouveauté accourent, les Bedoins arrivent de toutes parts, la tourbe devient innombrable, semblable aux tourbillons qui traversent le désert, élevant dans leur marche des trombes de sable et de poussière, semblent en même temps menacer le ciel et la terre; mais au premier objet dont leur base est atteinte, penchent, vacillent et s'évanouissent dans l'espace. Un détachement, envoyé de Menhour, est repris. Quinze cents hommes de révoltés sont tués; le reste se disperse; l'ange el *Mahdi* blessé n'échappe qu'avec peine; l'illusion cesse, et le fantôme et l'armée n'existent déjà plus ! »

L'auteur fait pendant l'inondation du Nil un septième voyage à Thèbes. Le fait suivant peut appuyer celui des corbeaux, qui lors de l'expédition d'Alexandre, vinrent au-devant de ce héros.

« Pendant toute l'expédition, continue le voyageur, nous avions été suivis d'une bande de milans et de petits vautours, qui étaient devenus aussi familiers qu'ils étaient naturellement voraces; ils se nourrissaient de ce que nous laissions après nous, et nous rejoignaient toujours à la première station; les jours de combats, au lieu d'être éloignés par le canon, ils accouraient de toutes parts. . . . . .

. . . . » Leur adresse et leur familiarité devenaient un spectacle et un divertissement pour nous; des berges élevées du Nil, nous leur jetions de la viande, qu'ils ne laissaient jamais tomber jusque dans l'eau; ils enlevaient quelquefois les rations qu'on envoyait aux postes avancés, et que nos serviteurs portaient sur leur tête : j'ai vu des soldats vidant des volailles, les milans leur enlever délicatement de la main les foie et les entrailles qu'ils étaient occupés d'en séparer ; les petits vautours n'avaient pas la même dextérité ; mais leur impudence égalait leur voracité. »

En quelques endroits des grottes sépulcrales, le voyageur observe que « le rocher d'une nature graveleuse, est enduit d'un stuc uni, sur lequel sont peintes en toutes couleurs des pompes funèbres d'un travail infiniment moins recherché que celui des bas-reliefs, mais non moins curieux pour les sujets qui y sont représentés : on regrette que l'enduit dégradé ne laisse pas suivre la marche des cérémonies; on voit, par les fragmens qui en sont conservés, que ces fonctions funèbres étaient d'une extrême magnificence......

.... » Si j'avais eu le temps de dessiner tous les méandres qui décorent les plafonds, j'aurais emporté tous ceux qui font ornement dans l'architecture grecque, et tous ceux qui rendent les décorations dites arabesques, si riches et si élégantes.

...... » Je m'acheminai vers les deux colosses dits de Memnon ; je fis un dessin détaillé de leur état actuel. .... Sans charme, sans grâce, sans mouvement, ces deux statues n'ont rien qui séduise ; mais sans défaut de proportion, cette simplicité de pose, cette nullité d'expression a quelque chose de grave et de grand qui en impose : si pour exprimer quelque passion, les membres de ces figures étaient contractés, la sagesse de leur ligne en serait altérée ; elles conserveraient moins de formes à quatre lieues d'où on les apperçoit, et d'où elles font déjà un grand effet. Pour prononcer sur le caractère de ces statues, il faut les avoir vues à plusieurs reprises, il faut y avoir long-temps réfléchi; après cela il arrive quelquefois que ce qui avait paru les premiers efforts de l'art, finit par en être une des perfections........

» J'examinai de nouveau le bloc de granit qui est entre ces deux statues, et me persuadai davantage qu'il était la ruine de ce colosse d'Ossimandue, dont l'inscription bravait le temps et l'orgueil des hommes ; que les deux figures qui sont restées debout sont celles de sa femme et de sa fille, et que, dans un temps bien postérieur, les voyageurs en ont choisi une pour faire la statue de Memnon, afin de n'être pas venus en Égypte sans avoir vu cette statue, et selon la progression ordinaire de l'enthousiasme, sans l'avoir entendu rendre des sons au lever de l'aurore. »

Le voyageur ayant pu visiter à Medinet-Abou, quelques tombeaux qui n'avaient pas encore été fouillés, décrit ainsi les particularités d'une des chambres où il ne pénétra qu'avec la plus grande peine.

» Des corps emmaillottés et sans caisse, étaient posés sur le sol, et il y en avait autant que l'espace pouvait en contenir dans un ordre régulier : je vis là pourquoi on trouvait si fréquemment des petites figures de terre vernissée, tenant d'une main un fleau, et de l'autre un bâton crochu ; l'enthousiasme religieux allait jusqu'au point de faire poser les momies sur des lits formés de ces petites divinités ; j'en remplis mes poches, en les ramassant à la poignée......

...... » Comme je me disposais à passer Karnak, le détachement eut ordre de se rendre dans d'autres villages où je n'avais que faire ; enfin, je quittai pour toujours la grande Diospolis.

Je repris avec quelques soldats malades la route de Kené ; en arrivant, je trouvai deux barques prêtes à partir pour le Caire, et des compagnons de voyage qui m'attendaient......

» Je m'embarquai le 16 messidor : je vis avec regret

disparaître Dindera et la Thébaïde, ce sanctuaire où j'avais désespéré si souvent de pénétrer, et que j'avais eu le bonheur de traverser tant de fois dans tous les sens; qui, enfin, était devenu le pays de l'univers que je connusse le plus minutieusement..........

...... » Nous arrivâmes le 20, à trois heures de l'après-midi, au port de Siuth : le général Desaix n'y était pas; nous ne nous y arrêtâmes que pour renouveller nos provisions : nous ne faisions plus que glisser devant les objets qui nous avaient retenus si s urent....

..... « Depuis Girgé, le climat change d'une manière très-sensible, le soleil y conserve son empire, tant qu'il est présent; mais dès qu'il disparaît, ce n'est plus cette ardeur desséchante que ne peut tempérer l'étroite vallée de la Thébaïde.......

On lira sans doute avec intérêt ce portrait de l'infatigable Mourat bey, que Desaix poursuivait encore.

« Calme dans les malheurs, ce Fabius Egyptien, sachant allier à un courage patient toutes les ressources d'une politique active, avait calculé ses moyens ; il avait apprécié le résultat de l'emploi qu'il en pouvait faire au milieu des événemens d'une guerre désastreuse : quoiqu'il eût à combattre à-la-fois un ennemi étranger, et toutes les rivalités et les prétentions d'une jalouse égalité, il s'était immuablement conservé le chef de ceux dont il partageait les privations, la fuite et les revers; il était resté leur seul point de ralliement, réglait leur sort, leurs mouvemens, les commandait encore comme au temps de sa prospérité. Une longue expérience lui avait appris le grand art de temporiser ; il avait senti cette vérité que, heurter l'écueil, c'est se briser contre lui; que le faible doit user le malheur, et ne le combattre qu'avec la faulx du temps; qu'enfin, lorsqu'on ne peut plus commander aux circonstances, l'art est de savoir céder à celles qui commandent, et leur dérober encore les moyens d'en attendre de nouvelles : c'est par ces ressources que Mourat bey s'était montré le digne adversaire de Desaix, et que l'on ne savait plus ce qu'il fallait admirer davantage, ou des ingénieuses et itératives attaques de l'un, ou de la calme et circonspecte résistance de l'autre.

» Nous apprîmes que ce dernier avait ménagé des intelligences dans la Basse-Égypte ; qu'il avait fait, en conséquence, un mouvement avec tout ce qui lui restait de Mamelouks et d'Arabes; qu'il avait traversé le Faïum, et pénétré jusqu'aux déserts des pyramides, pour y opérer une diversion en cas d'une descente sur la côte. Différens corps commandés par le général Friand, le général Boyer et le général Jayomelick, après lui avoir pris quelques chameaux, tué quelques Mamelouks, l'avaient forcé de remonter du côté de Meniet, où Desaix l'avoit repris et le chassait des positions où il cherchait à s'établir. On nous prévint que nous pourrions rencontrer, à quelques lieues au-dessous, des barques qu'il avait armées et qui suivaient ses mouvemens ; nous attendîmes la nuit pour les éviter, et passâmes sans voir, ni être vus......

...... » Mourat bey avait rassemblé, par ses intelligences, quelques hordes d'Arabes ; il avait promis de les joindre près des lacs de Natrou, dans la vallée du fleuve sans eau : le général Murat avait été envoyé contre les Arabes, et avait empêché cette jonction ; le général en chef était allé camper aux pyramides, pour comprimer Mourat bey entre Desaix et lui, lorsqu'il apprit qu'une flotte turque de deux cents voiles avait paru devant Aboukir. Dès-lors Bonaparte quitte les pyramides; il revient à Gizée, prend des dispositions, donne ses ordres, pourvoit à tout, marche sur Rahmanié, vient prendre position à Birket, également distant d'Alexandrie et d'Aboukir. Pendant que les différens corps s'y rassemblent, il va à Alexandrie, en prépare la défense, donne ses ordres pour tous les cas, envoie à l'armée celui de marcher à l'ennemi, et la rejoint à la pointe du jour, le 7 thermidor. »

On sait combien cette bataille fut sanglante, habilement dirigée et décisive. Le cit. Denon en termine ainsi la description.

« Il y avait vingt mille turcs : six mille furent faits prisonniers, quatre mille périrent sur le champ de bataille ; tout le reste fut noyé. De ce moment, plus d'ennemis : jamais bataille ne fut plus nécessaire, plus absolue, jamais victoire plus complette; c'était celle que Bonaparte avait promise à ses braves, en les ramenant de Syrie ; ce fut la dernière qu'il remporta en Égypte. Ce fut sans doute son bon génie ou le nôtre qui lui fit penser que la France et l'Europe entière l'appelaient à des opérations aussi glorieuses et plus utiles encore. Kléber, en l'embrassant, lui dit, dans un moment d'enthousiasme : Général, vous êtes grand comme le monde, et il n'est pas assez grand pour vous.

Bonaparte m'ordonna de dessiner la bataille, et je me trouvai heureux de pouvoir donner une image vraie du théâtre de sa gloire : je choisis pour le moment de la scène, celui où le pacha prisonnier fut amené au général.

» De retour au Caire, Bonaparte examina attentivement tous les dessins que j'avais rapportés ; il jugea que ma mission était achevée, me proposa de partir et de porter les trophées d'Aboukir à Alexandrie. Le général Berthier, dont j'avais éprouvé l'obligeance dans toutes les occasions, me rendit mon neveu pour mon retour, aussi gracieusement que Dufalga me l'avait donné pour mon voyage. Il n'y avait que quelques jours que j'avais quitté Thèbes; il me semblait déjà voir Paris: mon départ, que je n'entrevoyais que dans l'avenir, fut arrêté pour le lendemain......

..... « Enfin, dans cet étrange voyage, le projet, le départ, le retour, tout fut une suite de surprises et de circonstances précipitées qui, soit pour aller, soit pour revenir, me placèrent toujours à l'avant-garde. »

On connaît les détails et l'heureuse issue de ce retour:
« Bien convaincus que nous avions une étoile, rien ne troublait notre joie et notre sécurité. Bonaparte, comme un passager, s'occupait de géométrie, de chimie, et quelquefois jouait et riait avec nous.....

« Rien de plus inopiné que notre arrivée en France; la nouvelle s'en répandit avec la rapidité de l'éclair: à peine la bandière de commandant en chef fut-elle signalée, que la rive fut couverte d'habitans qui nommaient Bonaparte avec l'accent qui exprime un besoin; l'enthousiasme était au comble, et produisit le désordre: la contagion fut oubliée; toutes les barques à la mer couvrirent en un instant nos deux bâtimens de gens qui ne craignant que de s'être trompés dans l'espoir qui les amenait, nous demandaient Bonaparte plus qu'ils ne s'informaient s'il leur était rendu. Élan sublime! c'était la France qui semblait s'élancer au-devant de celui qui devait la rendre à sa splendeur, et qui, de ses frontières, lui demandait déjà le 18 brumaire. Notre héros fut porté à Fréjus; une heure après une voiture était prête; il en était déjà parti. »

Le voyageur termine son ouvrage par une observation qu'il est essentiel de ne point omettre après les nombreux extraits que je n'ai pu m'empêcher de rapporter, tant, je l'avouerai, je me suis trouvé entraîné par le plaisir que j'ai eu à suivre sur ses pas l'expédition du vaillant et malheureux Desaix, et les recherches d'antiquités, que le zèle et le courage de celui qui était devenu son ami, ont poursuivi avec une ardeur, une sagacité et une somme de talens que peu de voyageurs eussent pu réunir comme lui.

» Lorsque je partis d'Alexandrie, dit donc notre voyageur, en achevant, les membres de l'institut étaient encore au Caire: arrivé en France, j'ignorais s'ils avaient pu effectuer, dans la Haute-Égypte, le voyage ordonné par Bonaparte, avant son départ; les circonstances de la guerre avaient pu arrêter la marche de cette société savante, ou l'empêcher d'en rapporter en France les précieux résultats: dans ce cas, je me fusse trouvé le seul qui eût été dans le cas d'écrire sur cette contrée, et surtout le seul qui eût réuni un grand nombre de dessins, où je n'offrais pas seulement l'image du pays, mais le plus souvent celle des événemens d'une des plus intéressantes expéditions de cette guerre; je ne pouvais donc, sans une espèce d'injustice, ravir à mes concitoyens ces nombreux fruits de mes recherches et de mes pénibles travaux, et je me déterminai à les publier.

» J'avais cru d'abord devoir ajouter à mon journal quelques digressions critiques sur les antiquités, joindre à mes descriptions, des discussions sur les voyageurs qui m'avaient précédé; j'avais consulté des personnes éclairées pour ajouter quelques notes érudites aux objets curieux dont je présentais l'image. Mais à peine ai-je été informé que l'institut du Caire avait effectué son voyage dans le calme de la paix, que les membres n'avaient connu de bornes à leur ardeur, à leur émulation, que l'ordre établi par leur chef de division; qu'ils revenaient chargés de leur immense butin ; que le gouvernement, après avoir protégé leur voyage, faisait avec magnificence les frais de la mise au jour d'une collection si précieuse sous tous les rapports, je n'ai plus songé à suivre un plan que d'autres devaient nécessairement mieux exécuter. Réduit à mes faibles moyens, comment aurai-je voulu mesurer mes travaux aux travaux de toute une société, émettre des hypothèses, lorsque sans doute on pourra présenter des certitudes; enfin, marcher pour ainsi dire à tâtons, à côté d'un faisceau de lumières ? J'ai donc dépouillé mon journal de ce que j'y avais hasardé de recherches ; j'ai repris mon uniforme de soldat éclaireur, et mon poste à l'avant-garde où je n'ai conservé que la prétention d'avoir planté quelques jalons sur la route, pour avertir ceux qui avaient à me suivre, et, ne fût-ce que par mes erreurs, servir ainsi les rédacteurs du grand ouvrage.

» Heureux pour ma part si, par mon zèle et mon enthousiasme, je suis parvenu à donner à mes lecteurs l'idée d'un pays si important par lui-même et par les souvenirs qu'il retrace ; si j'ai pu lui présenter avec vérité ses formes, sa couleur et le caractère qui lui est particulier; si enfin, comme témoin oculaire, je lui ai fait connaître les détails d'une grande et singulière campagne, qui faisait partie principale de la vaste conception de cette expédition célèbre ! Si j'ai atteint ce but, je le devrai sans doute à l'avantage d'avoir tout dessiné et tout décrit d'après nature.

En rédigeant cet extrait avec les planches sous les yeux, pour ainsi dire à mesure qu'elles se finissaient, avantage que j'ai dû à la complaisance extrême et à l'amitié du cit. Denon, j'ai eu la jouissance infinie de faire le voyage d'Egypte, sans rien perdre de ce qui mérite d'être observé ; enfin, j'ai goûté tous les plaisirs du voyage, sans les avoir achetés comme lui par des fatigues sans nombre, et sans avoir eu à combattre et le climat, et les Mamelouks, et les Arabes. Puissé-je faire partager cette jouissance à ceux qui voudraient bien lire ou écouter cet extrait !

LEGRAND.

FIN.

P. S. J'apprends à l'instant que le premier Consul a chargé le Ministre de la guerre de donner, en son nom, un exemplaire de cet ouvrage à chacune des quatorze demi-brigades qui ont partagé la gloire de cette expédition.

Nota. On pourra juger, par la table des matières figurées dans les planches, de l'importance et de l'étendue de cet ouvrage. Nous joignons exprès ce détail à notre extrait, afin qu'il lui serve de supplément, et qu'on puisse prendre ainsi une idée plus juste de ce tableau général et rapide de l'Egypte, pendant l'expédition de l'armée française, commandée par Bonaparte. Ce tableau sera complet ; et l'Egypte sera, sans aucun doute, bien mieux connue que la France, lorsque le travail de la commission des arts aura été livré à la gravure et à l'impression, et que les riches porte-feuilles des citoyens Dutertre, Lepère, Protain, Redouté, Cécile, Comté, Gérard, Chabral, Balsac, de Villiers, Jollois, etc. viendront offrir aux amateurs de l'antiquité tous les dessins en grand qu'ils peuvent desirer sur chaque matière. Les excellens mémoires interprétatifs qui y seront joints, sans doute, ne peuvent manquer d'en augmenter encore la perfection et l'intérêt.

Le cit. Coutelle, indépendamment de la relation intéressante de son voyage au mont Sinaï, a aussi recueilli avec précision, ordre, méthode et un soin tout particulier, une collection des matériaux du pays, et de presque tous les monumens, avec de précieux détails de sculpture, soit en ronde-bosse, soit hiéroglyphique, exécutés sur le bois, les grès, les granits, la pierre calcaire ou les briques, le bronze, les émaux, etc.; en sorte que celui qui, après avoir vu les dessins du voyage, et lu les différens mémoires, pourra se procurer la vue de cette intéressante collection, et de quelques autres recueillies par plusieurs des savans voyageurs, aura l'idée la plus juste et la plus complette du climat, des productions et des monumens de l'Egypte. C'est alors que l'on pourra faire exécuter, avec sûreté et confiance, des modèles de ces divers édifices, le seul moyen qu'il y ait de les faire bien connaître par ceux à qui l'intelligence des dessins n'est pas familière.

Il suffit, pour être convaincu de cette vérité, de jeter les yeux sur le petit modèle des pyramides de Giseh, que le général Grobert a fait exécuter, et qui est déposé au muséum national d'histoire naturelle. Ce modèle, où les trois grandes pyramides sont placées dans leur position respective, sur le rocher figuré qui leur sert de base, avec toutes ses inégalités, et revêtu du sable même du désert, offre aux moins éclairés l'idée la plus parfaite de la forme et de la position de ces étonnantes merveilles, idée précise, ineffaçable, que les meilleurs dessins et toutes les gravures possibles ne sauraient lui donner.

TABLE
DES MATIÈRES POUR LES PLANCHES.

N.os 1 Côtes et vues de la flotte.
       2 Idem.
       3 Vues de Malthe.
       4 et 5 Tombeaux et antiquités à Malthe.
       6 Côte d'Afrique ; et Vue du Marabou (château fort) et d'Alexandrie.
       7 Carte de l'Égypte-Inférieure.
       8 { 1 Une vue de Malthe.
           { 2 Ruines de Canope.
           { 3 Vue du port neuf d'Alexandrie.
       9 { 1 Abou Faqir ou mendians Égyptiens.
           { 2 Vue de l'intérieur de la mosquée de Saint-Athanase.
           { 3 et 4 Mesures de la colonne de Pompée et de l'obélisque de Cléopâtre.
     10 Vue d'Alexandrie.
     11 Plan de la bataille des Pyramides.
     12 Vue de la même bataille.
     13 Vue des environs de Rosette.
     14 { 1 Vue d'une mosquée près de Rosette.
          { 2 Vue de Rosette.
     15 Vues d'Aboukir.
     16 Vues de la Basse-Égypte.
     17 { 1 Ruines du temple d'Ysis, près Beibeth.
          { 2 Ruines de Sann.
     18 Vues de divers villages de la Basse-Égypte.
     19 Vues des pyramides de Djyseh.
     20 Intérieur de la pyramide ouverte de Djyseh.

N.os Bis. 20 { 1 Le Sphinx, près les pyramides.
2 Entrée de la grande pyramide de Memphis.

21 { 1 Mosquée près Rosette.
2 Calis ou canal qui conduit l'eau au Caire.
3 L'aqueduc qui conduit de l'eau du Nil au Caire.

22 { 1 Tombeaux des Kkalyfes
2 Le Vieux Caire.
3 Le Miqyas.

23 1 Tombeaux des Mahométans. 2. Cimetière des Mamelouks. 3 Vues du port de Boulaq.

24 1 Tombeau des Kkalyfes près du Caire. 2. Attaque d'Arabes près les murs du Caire.

25 1 Vue de Zaouiéh. 2 Arbre auquel on fait des offrandes. 3 Jardin de l'institut du Caire.

26 1 Pyramide d'Ellaoun. 2 Vue de la pyramide de Méïdoum. 3 Pyramide de Méïdoum. 4 Pyramides de Ssakarah.

27 1 Karevanseray. 2 Vue de Zaouyéh 3 Naoûrah, ou machine à monter l'eau.

28 1 Bivouac. 2 Embrâsement de Salmie.

29 1 et 2 Bataille de Sédymann.

30 1 Vue de Benisuef. 2 Vue de Siut, ou Osiot. 3 Sépultures arabes à Zaoye.

31 1 Vue de Bénécé. 2 Ruines d'Oxirincus à Bénécé.

32 1 Vue du couvent blanc. 2 Deyr beyâdh le couvent blanc. 3 Vue de Minyeh.

N.os
33 1 Ruines du temple d'Hermopolis. 2 Tombeau égyptien à Lycopolis.
34 1 Karavanzeray. 2 Vue de Djirdjeh.
35 1 et 2 Plan et vue des bains chauds en Egypte.
36 1 Anecdote. Jugement rendu par Desaix. 2 Naourah ou machine à monter l'eau.
37 Bataille de Samanhout.
38 Vues et temples de Tentyris. 5 Planches.
39 1 Porte intérieure du temple de Tentyris. 2 Vue géométrale du portique du temple de Tentyris.
40 Carte, plans et détails du temple de Tentyris.
41 1 Temple monolyte, détails de porte et encorbellemens. 6 Vue d'un temple de Thèbes à Kournou.
42 Un des tombeaux des rois à Thèbes, necropolis de Thèbes, le memnonium à Thèbes.
43 1 Vue de Thèbes du plus loin qu'on peut l'appercevoir. 2 Vue de Qarnâq. 3 Autre vue de Qarnâq.
44 Statues dites de Memnon, vue et détails.
45 1 Le Memnonium. 2 Palais et temples de Thèbes à Médynet-Abou.
46 Vue et plan de temples à Thèbes, près Médynet-Abou.
47 1 Vue de Louqsor, à la pointe du jour. 2 Vue d'un temple de Louqsor, avec un ouragan.
48 1 Vue de Thèbes. 2 Plan du temple de Louqsor.
49 Vue de Louqsor. 2 Vue d'un temple de Thèbes à Louqsor.

N.° 50 1 Entrée de Lougsor. 2 Vue de Lougsor.
51 Vues et plan d'un temple d'Hermontis.
52 1 Temple voisin d'Esné ou Latopolis.
 2 Djébélein, ou les deux montagnes.
53 1 Temple de Latopolis, ou Esné. 2 Contra-Latopolis.
54 1 Tente d'Arabes. 2 Plan du portique. 3 Portique du Temple de Latopolis.
55 1 Monument voisin de Cous. 2 Tombeaux antiques dans les carrières de la Haute-Égypte.
56 1 Vue d'Etfou, du sud au nord. 2 Plan. 3 Vue d'Etfou, du nord au sud.
57 1 Typhonium d'Apollinopolis. 2 Intérieur du temple d'Apollinopolis à Etfou.
58 Vue du temple d'Apollinopolis à Etfou.
59 Divers chapiteaux de colonnes égyptiennes.
60 Idem. En tout 24.
61 1 Réunion de divers fragmens d'architecture égyptienne. 2 Plan d'un temple d'Apollinopolis.
62 1 Jeunes Barabras. 2 La dernière pyramide en remontant le Nil.
63 1 Vue près de Syène. 2 Vue d'Éléphantine. 3 Vue de Philoé.
64 1 Entrée du Nil en Egypte. 2 Vue de Syène. 3 Vue de l'Île Éléphantine.
65 1 Ruines de la porte d'un temple d'Éléphantine. 2 Ruines d'un des temples d'Éléphantine.
66 1 Ruines d'un temple à Syène. 2 Plan. 3 Ruines d'un des temples de l'Île Éléphantine.
67 1 Bloc de granit. 2 Rochers de granit.
68 1 Blocs de granit. 2 Carrières de granit.

N.os 69 1 et 2 Cataractes du Nil. 3 Habitation Nubienne près les cataractes.

70 Plan général des temples et de l'île de Philoé.

71 1 Vue de l'île de Philoé, de l'est à l'ouest. 2 Vue de l'ouest à l'est. 3 Autre vue de l'île de Philoé.

72 1 Temple près l'île de Philoé. 2 Vue des temples de Philoé. 3 Rochers de granit près la même île.

73 1 Couvent dans le désert. 2 Village de Nagadi dans le désert. 3 Couvent dans le désert.

74 1 Roche de granit. 2 Femme d'Egypte dans le harem.

75 1 Vue d'un temple près Chnubis. 2 Vue d'Ombos. 3 Vue des ruines de Chnubis.

76 1 Tombeaux dans les carrières de Silsilis. 2 Figures sculptées dans les tombeaux.

77 1 Rue de Dyrdjeh. 2 Château de Bepouthak.

78 1 Assemblée des cheykhs. 2 Manière de passer le Nil dans la Haute-Egypte. 3 Combat et mort du chef de brigade Duplessis.

79 1 Fours égyptiens. 2 Quartier général dans les tombeaux près de Nagadi.

80 1 Vue d'Apollinopolis *Parva*, aujourd'hui Qous. 2 Couronnement de la porte antique enterrée. 3 Inscription gravée sur le couronnement de cette porte.

81 1 Fontaine d'El adjiout, dans le désert, entre Quench et Qosseir. 2 Arrivée des Français à Qosseir.

N.os 82 Fontaine de la Kitah dans le désert, entre Qénéh et Qosseir.
83 Femme d'Egypte dans le harem. 2 Vue de Qosseir et des côtes de la Mer rouge.
84 1 Conseil arabe. 2 Repas arabe.
85 1 Manière de faire le macaroni. 2 Divan militaire.
85 1 Antinoé vue du Nil. 2 Couvent de la chaîne du nord au sud. 3 Couvent du sud au nord.
87 1 Bathen el baqarah, ou le ventre de la vache. 2 Vue de Chebreis. 3 Chebreis après le combat.
88 Vue de la place de l'Elbéquir, au temps de l'inondation.
89 Plan de la bataille d'Aboukir, gagnée par Bonaparte, le 7 thermidor an 7.
90 Combat d'Aboukir.
91 1 Vue d'Ajaccio en Corse. 2 Vue de Fréjus.
92 1 Cheykh. 2. Barbier égyptien.
93 1 Fellah, ou paysan égyptien. 2 Plan du temple de Qarnaq. 3 Plan du monastère blanc. 4 Un Turc entouré de toutes ses jouissances. 5 Plan du Memnonium.
94 Ustensiles égyptiens.
95 Armes des Mamelaks.
96 Divinités égyptiennes.
97, 98 et 100 } Antiquités égyptiennes.
99 Momies d'Ibis.
101 Costumes égyptiens.
102 1 Bedouins dans le désert. 2 et 3 Manière de monter l'eau pour arroser les terres.

N.os 103 Une école, un mariage, un enterrement.

de 104
à 111 } Têtes de divers habitans de l'Egypte.

112 Fête dans le harem. Bayadères, ou Almés.

113 Fragmens d'hyéroglyphes de grandeur naturelle.

114 Caractères hyéroglyphiques pris dans les différens temples de l'Egypte.

115 Coiffures hyérogliphiques, et vases dessinés d'après des bas-reliefs égyptiens.

116 et 117 Frises emblématiques de différens temples.

118 Hyéroglyphes pris à divers monumens, obélisques, etc.

119 Enseigne militaire, bâton augural, et autres emblêmes.

120 et 121 Différentes divinités et autres monumens historiques.

122
123
124
et 125
jusqu'à
129
} Divers emblêmes et représentations de cérémonies, usages civils, allégories.

130 Planisfère du petit appartement sur le temple de Tentyris.

131 Hyéroglyphes, ou portiques du temple de Tentyris.

132 Zodiaque du plafond du portique du même temple.

133 Bas-reliefs historiques du temple de Qarnaq, à Thèbes.

134 Bas-reliefs historiques d'un temple près Medinet Abou, à Thèbes.

136 Manuscrit trouvé dans l'enveloppe d'une momie.

N.os 137
et 138 *Idem. Peintures de manuscrit.*
139 Antiquités égyptiennes.
140 Carte de la Haute-Egypte, de la Basse-Egypte. *Pl. 7.*
141 Tableau hyéroglyphique extrait d'un manuscrit égyptien.

FIN DE LA TABLE.

www.ingramcontent.com/pod-product-compliance
Lightning Source LLC
LaVergne TN
LVHW021003090426
835512LV00009B/2040